सैलानी की डायरी

लेंस के आरपार

डॉ. किशोर सिन्हा

सैलानी की डायरी : लेंस के आरपार

(यात्रा–संस्मरण) डॉ. किशोर सिन्हा
प्रथम संस्करण– मई–2025

सर्वाधिकार : डॉ. किशोर सिन्हा

ISBN : 9-798899-298387

Book- Sailani ki Diary : Lens ke Aarpaar
(Travelogue) by Dr Kishore Sinha
Price : Paperback-Rs. 240/- (Two Hundred Forty Only)
          Hardcover-Rs.400/- (Four Hundred Only)

शब्द–सज्जा, आवरण तथा चित्र
डॉ किशोर सिन्हा

मूल्य : पेपरबैक–रु. 240/–(दो सौ चालीस) मात्र।
        सज़िल्द–रु. 400/– (चार सौ) मात्र

मेरे पोर–पोर को
खुशियों से भरने वाली
सुपौत्री

अमोहा सिन्हा (मोही)

के लिए......

डॉ. किशोर सिन्हा

लेखक–निर्देशक–अभिनेता, संगीतकार / फ़िल्मकार
मीडिया–विशेषज्ञ, रेकी–हीलर

प्रकाशित कृतियां

नाटक

1. विरासत *(रेडियो रूपक–संग्रह)–2001*
2. नारी! तुम केवल श्रद्धा हो *(नाटक)–2006*
3. चारूलता *(नाटक)–2014*
4. अपनी कथा कहो... *(नाटक)–2018*
5. नील–दशन और एक ख़ामोश नज़्म : अमृता प्रीतम *(नाटक)–2022*

कहानी

6. नई कहानी, पुराना पाठ : वाया व्हाट्स–एप *(कहानी–संग्रह)–2020*

उपन्यास

7. ताली *(उपन्यास)–2023.*

कविता

8. आओ धरें एक पग और *(कविता–संग्रह)–2022*

आत्मकथा / संस्मरण

9. एक बंदी की डायरी *(आत्मानुभव)–2020*
10. तीस साल लम्बी सड़क *(आत्मानुभव)–2021*
11. फ़ेड इन... फ़ेड आउट *(आत्मानुभव)–2020*

मीडिया

12. रेडियो प्रसारण की नयी तकनीक *(मीडिया)—2010*
13. रेडियो प्रसारण : नये संदर्भ, नयी भूमिका *(मीडिया)—2022*

आलोचना

14. हिन्दी की आंचलिक कहानी : परंपरा और प्रयोग *(आलोचना)—2002*

साक्षात्कार

15. उनकी बातें *(साक्षात्कार)—2023.*

निबंध

16. सामयिक हिन्दी निबंध—**1987**

संपादित

17. उपेन्द्र नाथ रैणा : बहुआयामी सर्जक व्यक्तित्व *(संपादित)—2022*
18. अज़ीमाबाद की खुशबू *(ग़ज़ल—संग्रह : आर. पी. घायल)—संपादित—2022*
19. समंदर पार इन्द्रधनुष *(प्रवासी कवयित्रियों का काव्य—संग्रह)—संपादित—2022*
20. स्त्री की रोटियां बनती नहीं गोल हैं *(कविता—संग्रह : पूनमश्री)—संपादित—2025*

अन्य

रेकी *(प्राणिक चिकित्सा)—2001*

आकाशवाणी और दूरदर्शन के लिए 30 से अधिक धारावाहिकों, 250 से अधिक नाटकों तथा 35 से अधिक रूपकों/डॉक्यूमेन्ट्री का लेखन, निर्देशन तथा प्रस्तुतीकरण एवं अभिनय। मौलिक तथा रूपान्तरित नाटकों को मिलाकर लगभग 13 रंग—नाटकों की रचना, छः से अधिक नाटकों का निर्देशन, अठारह नाटकों में अभिनय और चौदह नाटकों में पृष्ठभूमि—संगीत।

2020 से लगातार कविताओं पर आधारित तथा स्वतंत्र विषयों पर, एनिमेशन फ़िल्म–सहित, लगभग 150 लघु–फ़िल्मों का निर्माण।

'फ़ेसबुक लाइव' के ज़रिए अबतक कला, साहित्य, संगीत, फ़िल्म तथा खेल से जुड़े, देश–विदेश के 120 से भी अधिक चर्चित व्यक्तित्वों से लाइव साक्षात्कार।

सम्मान / पुरस्कार

लोक सेवा प्रसारण का राष्ट्रीय पुरस्कार (प्रसार भारती, सूचना एवं प्रसारण मंत्रालय) द्वारा आयोजित लोक सेवा प्रसारण पुरस्कार में **गांधी दर्शन पर प्रथम पुरस्कार–2002** बिहार आर्ट थियेटर, कालिदास रंगालय, पटना द्वारा **श्रेष्ठ रंगकर्मी का अनिल कुमार मुखर्जी शिखर सम्मान–2003** 'प्रांगण', पटना द्वारा रंगमंच और साहित्य के लिय **डॉ. चतुर्भुज स्मृति सम्मान–2016**
बिहार हिन्दी साहित्य सम्मेलन द्वारा **'प्रफुल्लचन्द्र ओझा मुक्त सम्मान'–2016**
समकालीन साहित्य मंच, मुंगेर द्वारा **'लाला जगत् ज्योति प्रसाद सम्मान'–2017**
बिहार गौरव सम्मान (नयी दिशा परिवार द्वारा)–2018
आकाशवाणी वार्षिक पुरस्कार–2017 के अन्तर्गत 'विज्ञान कार्यक्रम श्रेणी' में **विज्ञान नाटक 'वेव एलियन्स'** के लिय **'सर्टिफ़िकेट ऑफ़ मेरिट'** पुरस्कार।
हिमांशु श्रीवास्तव सम्मान–2018, चित्रगुप्त सामाजिक संस्थान द्वारा।
शाद अज़ीमाबादी सम्मान–2019, नवशक्ति निकेतन द्वारा।
शंकर दयाल सिंह प्रतिभा सम्मान, विश्व हिन्दी परिषद् (अन्तरराष्ट्रीय हिन्दी सम्मेलन–2023)

जयपुर साहित्य पुरस्कार–2022– आत्मकथा– 'तीस साल लम्बी सड़क' और 'फ़ेड इन... फ़ेड आउट' के लिए।

जयपुर साहित्य पुरस्कार–2024– उपन्यास 'ताली' के लिए।

शांति दूत सम्मान–2024, बुद्धम शरणम् संस्थानम् ट्रस्ट।

हिन्दी भूषण सम्मान–2024, हिन्दी कल्चरल सेंटर, टोक्यो (जापान)

अन्तरराष्ट्रीय मानस हिन्दी–सेवी सम्मान–2024, भूटान

साहित्य माणिक्य सम्मान– नेपाल (2024), शेयर योर ह्यूमैनिटी वैश्विक मंच, नेपाल।

संप्रति : स्वतंत्र लेखन और डॉक्यूमेन्ट्री–निर्माण।

सम्पर्क : मो. 7903703040,

क्रम

मेरा ये यात्रा–वृत्तांत– **'सैलानी की डायरी : लेंस के आरपार'** कैमरे की आंखों से देखा गया एक यथार्थ है, जिसे मैंने शब्दों का लिबास पहनाने की कोशिश की है। ये यात्राएं एक शौक़ के रूप में मेरे कैशोर्य से मेरे भीतर समाहित थीं, जो अंततः सेवानिवृत्ति के बाद परवान चढ़ीं और धीरे–धीरे ये पैशन बनकर मेरे अनुभवों में शामिल होकर मुझे समृद्ध करती गईं।

विश्व–साहित्य की यदि बात करें तो यात्रा–वृत्तान्त एक आधुनिक गद्य–विधा के रूप में स्वीकृत है। कथेतर साहित्य में यात्रा–वृत्तान्त अपना एक अलग स्थान रखता है। संभवतः ये अकेली ऐसी विधा है, जिसपर हर भाषा के लेखकों ने कुछ–न–कुछ लिखा ज़रूर है।

पहला ज्ञात यात्रा–वृत्तांत जो विशेष रूप से लिखा गया था और मुद्रण के लिए चित्रित किया गया था, वह बर्नहार्ड वॉन ब्रेयडेनबैक (1440–1497) का 'पेरे ग्रीनाटिओ इन टेरम सैंक्टम' (पहला संस्करण– सन् 1486) माना जाता है।

हिन्दी में यात्रा–वृत्तान्त लिखने की परम्परा का सूत्रपात भारतेन्दु से माना जाता है जो प्रायः 'कविवचनसुधा' में प्रकाशित होते थे। भारतेन्दु ने विभिन्न स्थानों की यात्रायें की थीं और अपने अनुभवों को साझा किया था। उनके यात्रा–वृत्तांत 'सरयू पार की यात्रा' को हिन्दी साहित्य का प्रथम यात्रा–वृत्तांत माना जाता है, जो 1871 ई. के आसपास लिखा गया था। इसके अलावा भारतेन्दु के कुछ प्रमुख यात्रा–वृत्त हैं– 'लखनऊ की यात्रा', 'हरिद्वार की यात्रा' आदि।

आगे चलकर 'द्विवेदी युग' में भी अनेक यात्रा–वृत्तान्त लिखे गए, जिनमें श्रीधर पाठक की देहरादून और शिमला यात्रा तथा स्वामी सत्यदेव परिव्राजक की 'मेरी कैलाश यात्रा', 'अमेरिका भ्रमण' आदि महत्त्वपूर्ण हैं।

लेकिन यात्रा–वृत्तान्तकार के रूप में सबसे अधिक प्रसिद्धि मिली, राहुल सांकृत्यायन को; जिन्होंने अनेक देशों की यात्रायें कीं और वहां के संस्मरणों को बताने के साथ–साथ, उन्होंने उस स्थान–विशेष की भौतिक–प्राकृतिक संपदा तथा सांस्कृ तिक–ऐतिहासिक विरासतों का भी विस्तार से उल्लेख किया। ऐसे उनके कुछ चर्चित यात्रा–वृत्तान्त हैं– 'किन्नर देश में', 'दार्जिलिंग परिचय', 'यात्रा के पन्ने' आदि।

आगे चलकर अज्ञेय और निर्मल वर्मा ने अपने यात्रा–वृत्तान्त के ज़रिए विदेश के अपने अनुभवों को एक कहानीकार की–सी रोचकता और एक यात्री–पथिक के रोमांच के साथ प्रस्तुत किया। अज्ञेय की पुस्तक 'एक बूंद सहसा उछली' में यूरोप और अमेरिका की यात्राओं के विवरण हैं तो निर्मल वर्मा ने 'चीड़ों पर चांदनी' और 'धुंध से उठती धुन' में यूरोप के विभिन्न देशों और संस्कृतियों का सजीवता और गहराई से विश्लेषण किया है। इसी प्रकार मोहन राकेश के यात्रा–वृत्तान्त 'आख़िरी चट्टान' में दक्षिण भारत की यात्राओं का वर्णन उपलब्ध है।

यात्रा–वृत्तान्त भारतेन्दु युग से लेकर हर काल में लिखे गये और आज तक लिखे जा रहे हैं, जिनमें से कुछ उल्लेखनीय हैं–

बाल कृष्ण भट्ट– 'गया यात्रा (1894 ई०), **प्रताप नारायण मिश्र**– 'विलायत यात्रा' (1897 ई०), **गोपालराम गहमरी**–

'लंका यात्रा' (1916 ई०), **राहुल सांकृत्यायन**– 'मेरी लद्दाख यात्रा' (1916 ई०), 'लंका यात्रावलि' (1927–28 ई०), 'मेरी यूरोप यात्रा' (1932 ई०), 'मेरी तिब्बत यात्रा' (1934 ई०), 'यात्रा के पन्ने' (1934–36 ई०), 'मेरी यूरोप यात्रा' (1935 ई०), 'जापान' (1935 ई०), 'ईरान' (1935–37 ई०), 'तिब्बत में सवा वर्ष' (1939 ई०), 'किन्नर देश में' (1940 ई०), 'रूस में पच्चीस मास' (1944–47 ई०), 'घुमक्कड़ शास्त्र' (1949 ई०), 'एशिया के दुर्गम खंडों में' (1956 ई०), 'चीन में कम्यून' (1959 ई०), **जवाहर लाल नेहरू**– 'रूस की सैर' (1929 ई०), 'आंखों देखा रूस' (1953 ई०), **रामवृक्ष बेनीपुरी**– 'पैरों में पंख बांधकर' (1952 ई०), 'उड़ते चलो, उड़ते चलो' (1954 ई०), **यशपाल**– 'लोहे की दीवार के दोनों ओर' (1953 ई०), 'जय अमरनाथ' (1955 ई०), 'राह बीती' (1956 ई०), 'उत्तराखंड के पथ पर' (1958 ई०), 'स्वर्गोद्यान बिना सांप' (1975 ई०), **अज्ञेय**– 'अरे यायावर, रहेगा याद ?' (1953 ई०), 'एक बूंद सहसा उछली' (1960 ई०), **मोहन राकेश**– 'आखिरी चट्टान तक' (1953 ई०), **भगवत शरण उपाध्याय**– 'कलकत्ता से पीकिंग' (1954 ई०), 'सागर की लहरों पर' (1959 ई०), **रामधारी सिंह दिनकर**– 'देश-विदेश यात्रा' (1957 ई०), 'मेरी यात्राएं' (1970 ई०), **प्रभाकर माचवे**– 'गोरी नज़रों में हम' (1964 ई०), **निर्मल वर्मा**– 'चीड़ों पर चांदनी' (1964 ई०), **बलराज साहनी**– 'रूसी सफ़रनामा' (1971 ई०), **डॉ नगेन्द्र**– 'अप्रवासी की यात्राएं' (1972 ई०), **शंकर दयाल सिंह**– 'गांधी के देश से लेनिन के देश में' (1973 ई०), **श्रीकांत वर्मा**– 'अपोलो का रथ' (1975 ई०), **कमलेश्वर**– 'खण्डित यात्राएं' (1975 ई०), 'कश्मीर : रात के बाद' (1997 ई०), 'आंखों देखा पाकिस्तान' (2006 ई०), **गोविन्द मिश्र**– 'धुंध भरी सुर्खी' (1979 ई०), 'दरख़्तों के पार शाम' (1980 ई०), 'झूलती जड़ें' (1990 ई०), 'परतों के बीच' (1997 ई०), **कन्हैया लाल नंदन**– 'धरती लाल गुलाबी चेहरे'

(1982 ई०), **विष्णु प्रभाकर**– 'ज्योति पुंज हिमालय' (1982 ई०), 'हमसफ़र मिलते रहे' (1996 ई०), **अजित कुमार**– 'सफरी झोले में' (1958 ई०), 'यहां से कहीं भी' (1997 ई०), **राजेन्द्र अवस्थी**– 'हवा में तैरते हुए' (1986 ई०), **रामदरश मिश्र**– 'तना हुआ इन्द्रधनुष' (1990 ई०), 'भोर का सपना' (1993 ई०), 'पड़ोस की खुशबू' (1999 ई०), **धर्मवीर भारती**– 'यात्रा चक्र' (1995 ई०), **शिव प्रसाद सिंह**– 'सब्जा पत्र कथा कहै' (1996 ई०), **सीतेश आलोक**– 'लिबर्टी के देश में' (1997 ई०), **वल्लभ डोभाल**– 'आधी रात का सफ़र' (1998 ई०), **हिमांशु जोशी**– 'यातना शिविर में' (1998 ई०), **कृष्णदत्त पालीवाल**– 'जापान में कुछ दिन' (2003 ई०), **नरेश मेहता**– 'कितना अकेला आकाश' (2003 ई०), **नासिरा शर्मा**– 'जहां फव्वारे लहू रोते हैं' (2003 ई०), **मनोहर श्याम जोशी**– 'क्या हाल हैं चीन के' (2006 ई०), 'पश्चिमी जर्मनी पर उड़ती नज़र' (2006 ई०) आदि–आदि।

आज के समय की यदि बात करें तो गीता श्री लिख रही हैं, विभा रानी लिख रही हैं, अरविन्द कुमारसंभव लिख रहे हैं और इस फ़ेहरिस्त में यदि आप मेरा नाम भी शुमार करना चाहें तो बेशक कर सकते हैं।

यात्रा–वृत्तांत दरअसल एक कलात्मक, मौलिक और रचनात्मक कार्य है, जिसमें लेखक अपनी भाषा और शैली का सर्जनात्मक उपयोग करके अपने अनुभवों को अभिव्यक्त करता है।

यात्रा–वृत्तांत में स्थान–विशेष और प्रामाणिक तथ्यों के साथ–साथ आत्मीयता, वैयक्तिकता, कल्पनाशीलता और रोचकता का समावेश होता है।

यात्रा–वृत्तांत में लेखक का उद्देश्य स्थान–विशेष के संपूर्ण वैभव, प्रकृति, रीति–रिवाज़, रहन–सहन, आचार–विचार, मनोरंजन के तरीक़े और जीवन के प्रति दृष्टिकोण को चित्रित करना होता है। यात्रा–वृत्तांत एक ऐसी जीवंत कहानी होती है, जिसमें लेखक अपने यात्रानुभवों का दृश्यात्मक वर्णन करता है।

यह आमतौर पर प्रथम पुरुष में लिखा जाता है और भूतकाल में होता है। यात्रा–वृत्तांत में लेखक की यात्रा के दौरान देखे, सुने, अनुभव किए गए सभी अनुभवों का निचोड़ शामिल होता है, जिसमें उसके विचार, भावनाएं और सांस्कृतिक–ऐतिहासिक टिप्पणियां भी शामिल हो सकती हैं।

यात्रा–वृत्तांत का उद्देश्य केवल मनोरंजन नहीं है, बल्कि पाठक को यात्रा के लिए प्रेरित करना, यात्रा–विशेष के बारे में सही जानकारी देना और उस स्थान की विशेषताओं को बताना भी है। यद्यपि यात्रा–वृत्तांत लेखक की निजी यात्रा का अनुभवसिद्ध बयान होता है, तथापि वह पाठक तक पहुंचकर सार्वजनिक और समष्टिगत हो जाता है और इस रूप में वह अपने समय का प्रामाणिक दस्तावेज़ बन जाता है।

आजकल डिजिटल और सोशल मीडिया के युग में ऐसे अनेक प्लेटफ़ॉर्म मौजूद हैं, जहां जाकर आप स्थान–विशेष को वहां के चित्रों और वीडियो के साथ देख लेते हैं और आपको उसके बारे में प्रामाणिक जानकारी मिल जाती है। लेकिन पठन का जो रस है, साहित्य का जो आस्वाद है, पुस्तक को पढ़ने का जो सुख है, वह यात्रा–वृत्तांत के छपे रूपों से ही प्राप्त हो सकता है।

मेरी ये पुस्तक आपके आत्मीय हाथों में है। इसमें मेरी कोशिश रही है कि आपको पूर्व से लेकर पश्चिम तथा उत्तर से लेकर दक्षिण तक के कुछ प्रमुख स्थलों पर ले जाया जाये। पुस्तक में बानगी के तौर पर स्वयं मेरे द्वारा खींची गई तस्वीरें रखी गई हैं। मैं उन स्थलों को किस हद तक आपके हृदय में लाकर बसा सका हूं, ये तो आपकी प्रतिक्रिया से ही मुझे ज्ञात हो पायेगा। आशा है, आप मेरी इस कृति को भी अपना स्नेह और आशीर्वाद प्रदान करेंगे।

12 मई, 2025

नोएडा

(डॉ. किशोर सिन्हा)
लेखक और नाटककार

ख़ुशियों का देश : भूटान

एक ऐसा देश जो अनुपम प्राकृतिक दृश्यों, वातावरण में तरंगायित ध्वनियों और आध्यात्मिकता की सुगंध से परिपूर्ण है, वो है भूटान। दुनिया के सबसे खुशहाल देशों में भूटान अव्वल नम्बर पर है। ये देश मुख्य रूप से बौद्ध भिक्षुओं और उनके मठों के लिये जाना जाता है।

दक्षिण एशिया के पूर्वी हिमालयी क्षेत्र में भारत और चीन के बीच स्थित भूटान का आधिकारिक नाम 'किंगडम ऑफ़ भूटान' (Kingdom Of Bhutan) है। क्षेत्रफल की दृष्टि से यह विश्व का 133वां देश है, जबकि जनसंख्या की दृष्टि से ये 160वां स्थान रखता है। इसकी कुल आबादी लगभग साढ़े सात करोड़ है। यहां के निवासी इसे 'डुग–युल' यानी 'अजदहा का देश' कहते हैं और इसके मूल निवासी 'डुगपा' कहे जाते हैं।

समुद्र तल से लगभग 8,000 मीटर की ऊंचाई पर स्थित भूटान का शाब्दिक अर्थ है 'थंडर ड्रैगन'। भूटान ने सत्रहवीं सदी के

अंत में बौद्ध धर्म को अंगीकार किया। 1865 में ब्रिटेन और भूटान के बीच 'सिनचुलु संधि' पर हस्ताक्षर हुआ था, जिसके अन्तर्गत भूटान के सीमावर्ती कुछ भूभाग के बदले कुछ वार्षिक अनुदान के समझौते किए गए। ब्रिटिश प्रभाव से 1907 में वहां राजतंत्र की स्थापना हुई। उसके तीन साल बाद एक और समझौता हुआ, जिसके तहत ब्रिटिश इस बात पर राज़ी हुए कि वे भूटान के आंतरिक मामलों में हस्तक्षेप नहीं करेंगे, हालांकि भूटान की विदेश नीति इंग्लैंड द्वारा ही तय की जाती रहेगी। आगे चलकर 1947 के बाद यही भूमिका भारत को मिली। इसके दो साल बाद 1949 में, भारत–भूटान समझौते के तहत भारत ने भूटान का वो सारा भूभाग उसे लौटा दिया, जो पहले अंग्रेज़ों के अधीन था। इस समझौते के तहत भारत को भूटान की विदेश एवं रक्षा नीति में काफी महत्त्वपूर्ण भूमिका दी गई।

भूटान का राजप्रमुख राजा अर्थात 'द्रुक ग्यालपो' होता है, जो वर्तमान में जिग्मे खेसर नामग्याल वांग्चुक हैं। हालांकि यह पद वंशानुगत है लेकिन भूटान की संसद 'शोगडू' की दो तिहाई बहुमत द्वारा इसे हटाया जा सकता है। 'शोगडू' में 154 सीटें होती हैं, जिसमें स्थानीय रूप से चुने गए प्रतिनिधि 105, धार्मिक प्रतिनिधि 12 और राजा द्वारा नामांकित प्रतिनिधि 37 होते हैं और इन सभी का कार्यकाल तीन वर्षों का होता है। राजा की कार्यकारी शक्तियां 'शोगडू' के माध्यम से चुने गए मंत्रिपरिषद में निहित होती हैं। मंत्रिपरिषद के सदस्यों का चुनाव राजा करता है और इनका कार्यकाल पांच वर्षों का होता है। भूटान के निवासी बौद्ध धर्म की महायान तथा वज्रयान शाखाओं के नियमों का पालन करते हैं। यहां का राष्ट्रीय खेल तीरंदाजी है। भूटानी मुद्रा 'न्गुलत्रुम' के नाम से जानी जाती है और 'ताकिन' भूटान का राष्ट्रीय पशु है।

भूटान बीस ज़िलों में विभाजित है, जिनमें थिम्फू, हा, पारो, पुनाखा आदि प्रमुख हैं। यहां का लगभग 70 प्रतिशत हिस्सा वनों से आच्छादित है, जिससे यहां की ज़्यादातर आबादी देश के मध्यवर्ती हिस्सों में रहती है। देश का सबसे बड़ा शहर, राजधानी थिम्पू है और ये भूटान के पश्चिमी हिस्से में स्थित है। विश्व की सबसे छोटी अर्थव्यवस्थाओं में से एक, भूटान का आर्थिक ढांचा मुख्य रूप से कृषि और वन–क्षेत्रों और अपने यहां निर्मित पनबिजली का भारत को विक्रय पर निर्भर है; हालांकि ज़्यादातर विकास परियोजनाएं– सड़कों का विकास आदि भारतीय सहयोग से ही सम्पन्न होती हैं। ये दुनिया का पहला कार्बन–नेगेटिव देश है, जहां ऑक्सीजन की मात्रा सरप्लस है। यहां चार एयरपोर्ट हैं, जिनमें एक इंटरनेशनल एयरपोर्ट पारो में स्थित है। भूटान में यात्रा करने का सबसे सुविधाजनक तरीक़ा कार किराए पर लेने वाली कंपनी या पर्यटन सेवा प्रदाता से वाहन और ड्राइवर किराए पर लेना है।

इस यात्रा में हम सभी सहयात्री देश के अलग–अलग कोनों से आये थे और सुविधानुसार पश्चिम बंगाल के 'बागडोगरा' हवाई अड्डे और न्यू जलपाईगुड़ी रेलवे स्टेशन से हमारी भूटान–यात्रा शुरू हो जाती है। रेलवे स्टेशन के बाहर हमारी बस तैयार थी और हम चल पड़े थे भारत और भूटान की सीमा पर स्थित क़स्बा– जयगांव, जिसकी परली तरफ़ है भूटान का प्रवेशद्वार 'फुंटशोलिंग'।

न्यू जलपाईगुड़ी से चलते हुए सबके मोबाइल सक्रिय हो गये और हम रास्ते के दृश्यों को उसमें क़ैद करने लग गये। हम हरे–भरे खेतों के साथ चलते जा रहे थे और थोड़ा और आगे जाने पर ख़ूबसूरत चाय–बागानों के भी दर्शन हुए। रास्ते में चाय–पानी करते हुए हमने न्यू जलपाईगुड़ी से 'फुंटशोलिंग'

तक की 141 किलोमीटर की दूरी लगभग साढ़े चार घंटों में तय की।

भूटान की यात्रा करने के लिए भारतीय नागरिकों को इन वैध यात्रा दस्तावेज़ों में से कोई एक साथ रखना आवश्यक है। ये या तो कम से कम 6 महीने की वैधता वाला मूल वैध भारतीय पासपोर्ट या मूल भारतीय मतदाता पहचान पत्र– दोनों में से कोई एक होना चाहिये। इसके अलावा भूटान घूमने के लिये सतत् विकास शुल्क– एस डी एफ़– भी देना होता है, जो भारतीय नागरिकों के लिये 1200 रुपये है, जबकि अन्य देशों के नागरिकों के लिये प्रति व्यक्ति, प्रतिदिन 200 अमेरिकी डॉलर (लगभग 17,000 रुपये) निर्धारित है। ये प्रक्रिया ऑन–लाइन भी कर सकते हैं और वहां पहुंचने पर भी। चूंकि हमारा 136 लोगों का बड़ा ग्रुप था, इसलिये ये सब औपचारिकतायें पहले ही पूरी कर ली गई थीं, जिसके चलते गेट न. तीन से अपने दस्तावेज चेक करा हम 'फुंटशोलिंग' में प्रवेश कर गये, जहां से बस हमें हमारे होटल तक पहुंचा आई। वैसे आप अपने वाहन से भी भूटान जा सकते हैं। भारतीय पंजीकृत वाहनों को निर्दिष्ट क्षेत्रों में प्रवेश करने की ही अनुमति है। वाहन बिना किसी अतिरिक्त शुल्क के 'फुएंत्शोलिंग' के चेकपोस्ट में प्रवेश कर सकते हैं, लेकिन यदि आप वहां से आगे जाने की योजना बनाते हैं तो प्रतिदिन 4500 भूटानी न्गुलत्रम का ग्रीन टैक्स देना पड़ेगा।

हम अभिभूत थे। चारों ओर बनी सुंदर नक्काशीदार इमारतें हमारा ध्यान खींच रही थीं। सुंदर, स्वच्छ सड़कें... गंदगी का कहीं नामोनिशान नहीं। थोड़ी देर पहले हल्की बारिश हुई थी तो पेड़ों के पत्ते भी धुले–धुले लग रहे थे। भारत में अभी हम जिस गर्मी से तंग–तंग थे, यहां उसका कहीं नामोनिशान नहीं था। होटल की लिफ़्ट ख़राब थी, सो हमारा सामान वहां के

कर्मचारियों ने चार मंज़िल चढ़कर हमारे कमरे तक पहुंचाया और वापसी में उतारा भी। ये अद्भुत सहयोगी–भाव आगे थिम्पू में भी दिखा। बल्कि वहां तो कमसिन, नाज़ुक–सी लड़कियां भारी–भरकम बैग उठाते दिखीं, पर क्या मज़ाल कि माथे पर हल्की–सी शिकन भी आये।

दूसरे दिन 6 जून को सुबह 9 बजे चाय–नाश्ते के बाद हमारी बस थिंपू के लिये निकल पड़ी। थिंपू ज़िला भूटान की राजधानी है, जो समुद्रतल से 7656 फ़ीट ऊपर है। ये दुनिया में चौथी सबसे ऊंची राजधानी मानी जाती है। 1955 में थिम्पू को भूटान की प्राचीन राजधानी पुनाखा के स्थान पर राजधानी बनाया गया था, और 1961 में भूटान के तीसरे ड्रुक, ग्याल्पो जिग्मे दोरजी वांगचुक ने थिम्पू को भूटान साम्राज्य की राजधानी घोषित किया था। ये देश का सबसे अधिक आबादी वाला नगर भी है। इसके उत्तरी क्षेत्र में स्थित है 'जिग्मे दोरजी नेशनल पार्क' जो एक प्रदूषणमुक्त क्षेत्र है।

'फुएंत्शोलिंग' से थिंपू की दूरी लगभग 145 किलोमीटर है, जहां पहुंचने में चार घंटे से भी अधिक समय लगता है, हालांकि हमें 6 घंटे से भी अधिक लगे। हम जैसे–जैसे आगे घुमावदार घाटियों से गुज़रते हुए आगे बढ़े, मौसम सुहाना होता गया। ताज़ा हवा सांसों में भरने लगी और हल्की ठंडक से सिहरन–सी होने लगी। अद्भुत नज़ारा था, जैसे सबकुछ आंखों से पी लेने का और इन अनमोल क्षणों को जी लेने का मन कर रहा था। चारों ओर वर्तुल घाटियों के बीच आसमान की ओर सीना ताने खड़े पहाड़.... और घाटियों के नीचे धुंध की अनेक परतें.... हमारे साथ बस में गाइड के रूप में 26 साल का खूबसूरत नौजवान दोरजी था जो हमें वहां के इतिहास–भूगोल और स्थानीय विशेषताओं के बारे में बताता जा रहा था– कभी हिन्दी तो कभी

अंग्रेज़ी में.... ये ख़ास बात है यहां के लोगों में कि वे भारतीयों से हिन्दी में बात करना पसंद करते हैं— चाहे वो गाइड हों, होटल के कर्मचारी अथवा स्थानीय विक्रेता..... ये बात हमने फुंटशोलिंग से लेकर पारो तक पाई। इसने मन को भीतर तक गहरे छुआ।

इस बीच दोरजी ने हमें कुछ भूटानी शब्द सिखाये, जैसे— 'कुजु ज़ंगपोला', जिसका अर्थ है 'नमस्ते' और इसे दिन के हर समय इस्तेमाल किया जा सकता है। इसी तरह 'काद्रिन चेयला' का अर्थ है 'धन्यवाद'।

हम सब रास्ते—भर प्राकृतिक दृश्यों का आनन्द उठाने के साथ—साथ गाते रहे, गुनगुनाते रहे, अंत्याक्षरी खेलते रहे। बीच—बीच में दोरजी भूटानी में कुछ—कुछ गाता तो हम सभी उसका साथ देते...... तो दोरजी गाइड हमारे साथ थे और वे भूटान के बारे में हमें बताते जा  रहे थे। यहां मैं बता दूं कि गाइड के बिना आप भूटान में कहीं नहीं घूम सकते। चाहे आप बीस—पचास के ग्रुप में आयें या फ़ैमिली अथवा दोस्तों के साथ; गाइड आपको हर हाल में लेना ही पड़ेगा।

थिंपू के रास्ते में दो चेकपोस्ट पड़ते हैं, जहां बस रोककर हमारे पासपोर्ट और परमिट की जांच की गई। हम आगे बढ़े...... हरे—भरे गझिन वन, सर्पीली रपटती घाटियां, ऊंचे शीर्ष पर खड़े पहाड़.... शायद ऐसे ही दृश्यों से मोहित हो सुकुमार कवि सुमित्रानंदन पंत ने कभी लिखा होगा—

"मेखलाकार पर्वत अपार
अपने सहस्र दृग—सुमन फाड़,
अवलोक रहा है बार—बार....
नीचे जल में निज महाकार....
उड़ गया, अचानक लो, भूधर
फड़का अपार वारिद के पर!
रव—शेष रह गए हैं निर्झर!
है टूट पड़ा भू पर अंबर!"

हम भी प्रकृति के इस वैभव को देख उल्लसित थे और उसकी हरीतिमा में डूबते जा रहे थे। बीच में यू हाईवे के निकट गीदू नामक स्थान पर बस रुकी, जहां हाल ही में 8 प्रकार के स्तूपों का निर्माण किया गया है। ये स्तूप जनवरी, 2020 में निर्मित हुए। ऐसे स्तूप शुरू में धर्म—राजाओं द्वारा बनाए गए थे और बुद्ध को उनकी आध्यात्मिक उपलब्धि और महान् कार्यों के लिए अर्पित किए गए थे। ये आठ प्रकार के स्तूप मूलतः तिब्बती परंपरा में पाए जाते हैं जो बुद्ध शाक्यमुनि के जीवन की आठ महत्वपूर्ण घटनाओं का प्रतिनिधित्व करते हैं। नागार्जुन ने अपने 'अष्टमहस्थानचौत्य—स्तोत्र' में आठ स्तूपों को बुद्ध के जीवन की विशिष्ट घटनाओं और स्थानों से जोड़ा है।

जब हम थिंपू पहुंचे तो सांझ घिर आई थी। ऊंचे पहाड़ों और सघन वृक्षों की छाया ने हमें जैसे आबद्ध कर लिया था। होटल में थोड़ी देर के आराम के बाद साहित्यिक कार्यक्रम में सहभागिता के लिये हम चल पड़े जिसका आयोजन उसी होटल के टॉप फ़्लोर पर था।

अगला दो दिन पारो के लिये था। लेकिन उससे पहले थिंपू में घूमने के लिये बहुत कुछ था। थिंपू को मठों का शहर कहा

जाता है जो दुनिया के सबसे खुश रहने वाले लोगों का शहर भी है। यह प्रदूषणरहित शहर होने के साथ-साथ एक ऐसा शहर है, जहां पर बैन है प्लास्टिक। यहां की एक और विशेषता ये है कि इस शहर में आपको एक भी ट्रैफिक लाइट नहीं मिलेगी; उसके बावजूद यहां ट्रैफिक बहुत आसानी से गतिशील रहता है। दरअसल यहां के लोग इतने समझदार और अनुशासित हैं कि यहां ट्रैफिक लाइट की कोई ज़रूरत ही नहीं पड़ती। इसके अलावा यहां गाड़ियों के हॉर्न भी सुनाई नहीं देते। सारी गाड़ियां लाइन में एक के पीछे एक होकर चलती हैं।

थिंपू शहर 26.1 वर्ग किलोमीटर में फैला हुआ है, जिसकी जनसंख्या डेढ़ लाख के आसपास है। ये शहर भूटान की राजनीतिक और आर्थिक गतिविधियों का केंद्र है। मुख्य रूप से कृषि और पशुपालन पर निर्भर यहां के लोग अपनी संस्कृति को बचाने के लिए नियम-कानून का कड़ाई से पालन करते हैं। यहां की लड़कियों-महिलाओं को सारे अधिकार प्राप्त हैं। आमतौर पर यहां महिलाएं ही दुकान, व्यवसाय और खेती के काम करती हैं।

भले ही थिंपू शहर अपनी संस्कृति को बचाने में क़ामयाब रहा हो, पर आधुनिकता से यह शहर भी अछूता नहीं रह सका। यह यहां की नाइट लाइफ़ को देखकर पता चलता है। यहां पेपर नाइटक्लब, बार डिस्को क्लब, कराओके सेन्टर पूरी रात खुले रहते हैं, जहां स्थानीय लोगों के साथ-साथ बाहरी पर्यटक भी आपको इंजॉय करते हुए मिल जाएंगे। ऐसे एक कराओके सेन्टर में हम भी गये, ख़ूब गाने गाये और एन्ज्वाय किया।

तो थिंपू-भ्रमण पर हम निकले और सबसे पहले पहुंचे, शहर के दक्षिण में स्थित 'कुएन्सेल फोडरंग' **(Kuensel phodrang)**,

जिसे आसान शब्दों में 'बुद्धा प्वायंट' कहा जाता है। इस मंदिर में स्थापित बुद्ध–प्रतिमा की ऊंचाई 169 फ़ीट, यानी 51.5 मीटर है। इस तरह ये दुनिया की सबसे ऊंची बुद्ध–प्रतिमा है। ये प्रतिमा हमें अपने होटल की खिड़की से भी दिखी थी, जिसकी फोटो हमने अपने डीएसएलआर से जूम कर के खींची थी। यहां के सर्वोच्च शिखर पर भगवान् बुद्ध की पंचधातु–निर्मित ये विशालकाय प्रतिमा एक लाख से भी अधिक छोटी–छोटी बुद्ध–प्रतिमाओं से निर्मित है। इसका निर्माण 2006 में शुरू हुआ और 2015 में समाप्त हुआ। हम मंदिर के अन्दर गये, जहां का शांत–स्निग्ध वातावरण अविरल शांति का संदेश देता प्रतीत हो रहा था। जो लोग टोपी पहने थे, वे जूतों के साथ टोपी उतार कर मंदिर के अंदर गये, जिसके बारे में दोरजी ने पहले से आगाह कर रखा था। वहां की परंपरानुसार ऐसे किसी भी मंदिर, मठ या मॉनेस्ट्री में प्रवेश से पहले ऐसा करना ज़रूरी होता है। अन्दर फ़ोटोग्राफ़ी प्रतिबंधित थी, इसलिये वहां के चित्र हम नहीं उतार पाये, पर बाहर जी–भर के कसर पूरी की। यहां भगवान् बुद्ध की विशाल प्रतिमा के अलावा परिसर में अनेक प्रतिमायें थीं। वहां की वास्तुशैली के कुछ और भवन भी परिसर में मौजूद थे।

भूटान में पारंपरिक वास्तुकला आज भी जीवित है। 1998 में शाही फरमान जारी कर कहा गया कि सभी इमारतों का निर्माण बहुरंगी लकड़ी के अग्रभाग, छोटी मेहराबदार खिड़कियों और ढलान वाली छतों के साथ किया जाना चाहिए। पारंपरिक पश्चिमी भूटानी संरचनाएं अक्सर लकड़ी के फ्रेम और मिट्टी की सामग्री से बनाई जाती हैं। इस निर्माण में कील या लोहे की सलाखों का प्रयोग किया जा सकता है। यहां की कई पारंपरिक संरचनाओं में स्वस्तिक और लिंग के चित्र भी बने होते हैं। इनके विपरीत साधारण घरों की वास्तु–संरचना स्थान और ऊंचाई के

अनुसार बदलती रहती है। दक्षिणी निचले इलाकों में, बांस के छप्पर वाले घर आम हैं; इमारतों में ऊंचाई पर समतल पत्थर की संरचनाएं होती हैं। इसके अलावा राजसी महलों से मिलते-जुलते, लेकिन उनसे छोटे, दो-मंज़िला भवन पूरे पश्चिमी भूटान में आम हैं। भूटानी घरों का दरवाज़ा आम तौर पर लकड़ी के खूंटे की एक जोड़ी पर टिका हुआ एक जीभ और नाली के डिजाइन का होता है। आम तौर पर, छोटी खिड़कियां निचली मंज़िलों में बनाई जाती हैं, जबकि ऊपर में बड़ी खिड़कियां संरचनात्मक मज़बूती को जोड़ने के लिए बनाई जाती हैं। खिड़कियों को अक्सर एक घुमावदार रूपांकन दिया जाता है। यहां लकड़ी की छतें ढलान वाली होती हैं। पारंपरिक छतों को लकड़ी के कंगनी से सजाया जाता है। आमतौर पर छत और दीवारों के बीच हवा के गुज़रने के लिए एक बड़ी जगह छोड़ी जाती है।

भूटानी 'द्ज़ोंग वास्तुकला' 17वीं शताब्दी में महान् लामा, न्गावांग नामग्याल ज़बद्रुंग रिनपोछे के नेतृत्व में अपने चरम पर पहुंची। द्ज़ोंग में एक या एक से अधिक आंगनों के चारों ओर भारी चिनाई वाली परतों की दीवारें होती हैं। द्ज़ोंग के अंदर के आधे हिस्से में बने कमरों को आम तौर पर प्रशासनिक कार्य (जैसे कि पेनलॉप या गवर्नर का कार्यालय) के लिए और आधा धार्मिक कार्य, मुख्य रूप से मंदिर और भिक्षुओं के आवास के लिए आवंटित किया जाता है। **भूटान में बौद्ध मंदिर** (लाखांग) अक्सर एक आंगन के चारों ओर अपेक्षाकृत सरल एक-मंज़िला संरचना होते हैं। अधिकांश मंदिरों में ऊंची दहलीज़ भी होती है। ये मंदिर प्रायः ऊपरी दीवारों के साथ लाल पट्टी और सोने की परत वाली तांबे की परतों से सजे होते हैं। भूटानी मंदिरों की आंतरिक दीवारें और हॉल, एप्लिक भित्तिचित्रों से सजाए गए होते हैं। इन चित्रों के विषय प्रायः धार्मिक होते हैं– विशेष रूप

से बुद्ध का जीवन, गुरु पद्मसंभव से जुड़ी किंवदंतियां, रक्षा प्रदान करने वाले देवता आदि। इस मंदिर की बाहरी दीवार से सटाकर रखी गई पानी की असंख्य बोतलें दिखीं, जिनके बारे में बताया गया कि ये भगवान् बुद्ध को समर्पित पवित्र जल है, जिसे 'प्रसाद' के रूप में लोग ले जाते हैं। मैंने भी वो पवित्र प्रसाद ग्रहण किया। मंदिर से नीचे उतरने पर उसके बाहरी परिसर में एक विलक्षण बात दिखी। वहां ज़मीन पर ही तरह–तरह के ढेर–सारे फल बिखरे पड़े थे, जिन्हें स्थानीय लोग 'प्रसाद' कहकर बड़ी–बड़ी सफ़ेद टोकरियों में ले जा रहे थे। वहीं फूलों की ढेरों टोकरियां भी रखी थीं, जिन्हें पर्यटक अपने साथ मंदिर में चढ़ाने लाते होंगे। शायद हमारे पहुंचने से पहले ही पूजा संपन्न हुई थी, क्योंकि निकट ही एक अग्निकुंड में हवन–आहुति से अभी भी धुआं निकल रहा था।

इसके बाद हमारा अगला पड़ाव था दुर्गा मंदिर। ये मंदिर बुद्ध–मंदिर से नीचे आते हुए रास्ते में पड़ता है। इसमें दुर्गा जी की भव्य प्रतिमा के अलावा बाहर शिवलिंग और नंदी स्थापित किये गये हैं। यहां भी भूटानी वास्तुकला की छाप दिखती है। ऊपर से पहाड़ के नीचे का दृश्य नयनाभिराम और सम्मोहित करने वाला था। बीच में रुककर पहाड़ के ऊपर से ही हमें वहां का सुप्रीम कोर्ट और राजा का महल दिखाया गया। दूरी काफ़ी थी, इसलिये हमने कैमरे का ज़ूम आज़माया।

'ताकिन' भूटान का राष्ट्रीय पशु है और इसे देखने हम मोतिथांग–स्थित 'रॉयल ताकिन प्रिज़र्व' पहुंचे। ये प्रिज़र्व 1974 में जेनेटिक प्रिज़र्वेशन के उद्देश्य से बनाया गया था, जिसे अब विस्तारित कर वन्यजीवन संरक्षण एवं पुनर्वास अभयारण्य कर दिया गया है, जहां घायल वन्यजीवों को चिकित्सा और पुनर्वास के लिये लाया जाता है। यहां हमें कई ताकिन दिखे।

उनके अलावा हिरण की कुछ प्रजातियां और कुछ दुर्लभ पक्षी भी नज़र आये। 'ताकिन' के बारे में कहा जाता है कि ये लाम डुक्पा कुएनली द्वारा बकरे और गाय को मिलाकर पैदा की गई संकर नस्ल है। 'ताकिन' में ठठरी गाय की है, जबकि खोपड़ी बकरे की है। इस अभयारण्य का उद्देश्य बहुत नेक और बड़ा है। हालांकि जितना बड़ा परिसर है और पर्यटकों को दूर तक पैदल चलना पड़ता है, उसके हिसाब से यहां जानवर काफ़ी कम हैं।

आगे हमें थोड़ी देर तक लोकल मार्केट में घूमने का मौक़ा मिला, जहां हमने भूटान के लोगों के खुश रहने का रहस्य जाना। सड़क से नीचे की ओर स्थानीय बाज़ार सजे थे, चाय–कॉफ़ी और स्नैक्स की दुकानें थीं.... एक स्थान पर भीड़ लगी देख वहां पहुंचा तो देखा कि वहां तरबूज खाने की प्रतियोगिता चल रही है..... एक दूसरी जगह छोटे बच्चों का मेकअप चल रहा था। कुछ बच्चे झूले पर सवार थे..... सभी खुश थे। ऐसे ही नहीं भूटान को दुनिया में 'सबसे खुश लोगों का देश' कहा जाता है। सब अपने–अपने काम में मस्त थे। किसी को कहीं जाने की जल्दी नहीं थी। पर हमें थी, क्योंकि गाइड लोगों द्वारा सिर्फ़ एक घंटे का वक़्त दिया गया था। सो हम न चाहते हुए भी लौट आये और बस में पारो जाने के लिये सवार हो गये....।

थिंपू से पारो महज़ 50 किलोमीटर है, फिर भी घुमावदार घाटियों और चढ़ती–उतरती सड़कों की वजह से समय ज़्यादा लगता है। फिर बीच में हम साइट सीन और नेचुरल कॉल्स के लिए भी कई बार रुके। पारो भूटान का एक प्रमुख जिला है जिसे घाटियों और नदियों का शहर कहा जाता है। इसकी जनसंख्या 20,000 के क़रीब है। यह भूटान की सबसे ऐतिहासिक घाटियों में से एक है, जहां की प्रमुख भाषा ज़ोंगखा, राष्ट्रीय भाषा है।

पारो में ही भूटान का एकमात्र अंतरराष्ट्रीय हवाई अड्डा स्थित है। बस में सवार हम प्रकृति के बहुविध रंगों को आत्मसात करते जा रहे थे। एक नदी भी न जाने कब से हमारे साथ चलती चली जा रही थी। दोरजी ने बताया कि ये पारो नदी है, जिसे भूटानी में 'पा छू' (Pa Chhu) कहते हैं। सारी बसें वहीं रुक गईं और हमने पाया कि हम बिल्कुल 'पा छू' के पास खड़े हैं। फिर तो हमने जी-भर के वहां फ़ोटोग्राफ़ी की। वहां से आगे बढ़े तो कुछ समय बाद 'पारो छू ब्रिज' (Paro Chhu-bridge) के निकट एक दुकान में ख़रीदारी के लिए हमारी बस रुकी। हमसब तो जैसे उसपर टूट ही पड़े। कुछ लोगों ने भूटान की पारंपरिक वेशभूषा में तस्वीरें भी खिंचवाईं। हमारा लंच पारो के ही एक होटल में था। तकरीबन 12 बजे तक हम वहां पहुंच चुके थे। होटल के बाहर एक पतली धार वाली नदी बह रही थी, जिसके बारे में गाइड दोरज़ी ने

बताया। उस नदी के आसपास के मनोरम दृश्य को अपने कैमरे में क़ैद करने से हम भी ख़ुद को रोक नहीं पाये।

लंच के बाद हम वहां के एक पुराने क़िले 'पारो द ज़ोंग' (Paro dzong) को देखने गये– जिसे 'रिनपुंग द ज़ोंग' भी कहा जाता है। 'रिनपुंग द ज़ोंग', ड्रुकपा वंश का एक बड़ा द ज़ोंग– यानी बौद्ध मठ और क़िला है। इसमें ज़िला मठ निकाय के साथ–साथ पारो दज़ोंगखाग के सरकारी प्रशासनिक कार्यालय भी हैं। इसे

यूनेस्को में शामिल करने के लिए भूटान की अस्थायी सूची में एक अस्थायी स्थल के रूप में सूचीबद्ध किया गया है। रिनपुंग दज़ोंग के अंदर चौदह मंदिर और चैपल– यानी

पूजास्थल हैं। पारंपरिक भूटानी कैलेंडर के दूसरे महीने के ग्यारहवें से पंद्रहवें दिन तक– यानी मार्च या अप्रैल में– यहां महान् वार्षिक उत्सव 'त्शेचू' आयोजित किया जाता है। इस अवसर पर पवित्र प्रतिमाओं का जुलूस निकाला जाता है। इसके बाद धार्मिक कहानियों को व्यक्त करने वाले पारंपरिक मुखौटा नृत्यों की एक शृंखला शुरू होती है, जो कई दिनों तक चलती है। पंद्रहवें दिन सुबह होने से पहले, महान् पवित्र थोंगड्रेल बैनर, 'थांगका' को जनता के समक्ष प्रदर्शित किया जाता है, ताकि इस पर सूरज की रोशनी न पड़ने देने की सदियों से चली आ रही परंपरा बनी रहे। इसमें पद्मसंभव की आठ अभिव्यक्तियों को दर्शाया गया है। यहां जिस ज़मीन पर भिक्षु मुखौटा नृत्य करते हैं उसे 'दियांगखा' कहा जाता है।

होटल पहुंचे तो शाम के चार बज रहे थे। थोड़ा आराम कर हम लोकल मार्केट में ख़रीदारी के लिये निकल पड़े। सामान यहां महंगे थे। पूछने पर पता चला कि अधिकांश वस्तुएं भारत से आती हैं, इसलिये महंगी हैं और टूरिस्ट होने के कारण हमें तो महंगे मिलने ही थे; आख़िर उनके लिये तो हम विदेशी ही थे। हां, पान वहां ख़ूब खाया जाता है, जोकि पश्चिम बंगाल से आता है। हालांकि वो भी 25 रुपये से कम का नहीं था। हमारे

गाइड दोरज़ी और ड्राइवर भी पान के शौकीन थे। उनके पास पान हर वक़्त मौजूद रहता। स्थानीय होने के कारण उनके लिए पान की क़ीमत कम ही रही होगी।

इस शाम कोई कार्यक्रम नहीं था, लिहाज़ा हम फ़्री थे। सो रात का खाना खाने के बाद हम— मैं और कोटा से पधारे शायर डॉ. रामावतार सागर घूमने निकले। वहीं होटल के ठीक नीचे बेसमेंट में एक 'कराओके सेन्टर' दिखा तो कुतुहलवश और गाने के शौक के चलते वहां चले गए। भीतर मद्धिम प्रकाश में कराओके पर गाती–थिरकती नौजवान पीढ़ी..... एक तरफ़ बार काउंटर.... सामने लगे हुए आरामदायक सोफ़े.... और आपकी सेवा में तत्पर लड़के–लड़कियां..... जो आपके ऑर्डर करते ही उसे तुरंत सर्व कर देते।...... ये दुनिया बिल्कुल अलग थी। हमने भी वहां कुछ गाने गाये..... खाया–पिया और निकल आये।

वैसे भूटान में अपनी परंपरा और विरासत को सहेजने की सलाहियत हर जगह दिखती है– चाहे वो उनका खान–पान हो, वेश–भूषा या भाषा हो.... पर यहां आकर उनकी एक अलग दुनिया से परिचय हुआ जो आधुनिक, पूरी तरह खुली और बिंदास–बेपरवाह दुनिया थी.... शायद इसीलिये ये देश दुनिया के सबसे खुश रहने वाले देशों में अव्वल नम्बर पर है। इस कराआके का चस्का हमें कुछ ऐसा लगा कि फुएंत्शोलिंग वापस पहुंचकर वहां भी हमने इसका लुत्फ़ उठाया.... और इस बार डॉ. रामावतार के अलावा हमसफ़र थे, पुणे के साहित्यकार श्री संजय पवार और नंदुरबार के जसपाल सिंह जी।......

9 जून हमारी पारो से वापसी का दिन था। वक़्त कम था और चूंकि एक बहुत बड़े ग्रुप का हम हिस्सा थे, इसलिये चाहकर भी भूटान के कई दर्शनीय स्थल देखने से वंचित रह गये।

मसलन— पुनाखा द ज़ोंग, दोचुला पास, सस्पेंशन ब्रिज, नेशनल म्यूज़ियम और सबसे बढ़कर टाइगर नेस्ट मॉनेस्ट्री। पूछने पर गाइड ने बताया कि व्यवस्थापक द्वारा पर्यटन में ये स्थान शामिल नहीं किये गये हैं। बहरहाल, हमें पारो से सीधे फुएंटशोलिंग लौटना था, जिसकी दूरी तकरीबन 142 किलोमीटर थी। वहां शाम को सम्मान—समारोह रखा गया था। देखा जाये तो हमारी प्यास मिटी नहीं थी— प्रकृति को क़रीब, और क़रीब से देखने की प्यास, पर थकान इतनी ज़्यादा हो गई थी कि वापसी में न कैमरे निकले, न मोबाइल.... न गाने हुए, न चुटकुले.... बस, हम सभी अपने—अपने ख़यालों में खोये रहे। मैंने दोरजी को एकाध बार छेड़ा भी कि अब तुम क्या करोगे। हमारा साथ तो आज के बाद छूट जायेगा.... तो जवाब में दोरजी मुस्कुरा—भर दिया। हमारे कुछ साथियों ने कहा कि ये तो दोरजी का काम है। हम चले जायेंगे तो दूसरे आ जायेंगे। दोरजी उन्हें भी इसी तरह ले जायेगा, घुमायेगा, उनका ध्यान रखेगा, जैसा हमलोगों का रखा।

बात सही है। ज़िंदगी की यही सच्चाई है। हम तो सैलानी हैं। आज यहां तो कल वहां। हर सफ़र में एक नये दोरजी से भेंट होगी, पर जबतक हम एक—दूसरे के क़रीब आयेंगे, सफ़र ख़त्म हो जायेगा। फिर नये सैलानी आ जायेंगे और दोरजी हमारे—जैसे पुरानों को भूल उनमें मस्त हो जायेगा। फिर से किसी और बस में सवार होगा और पान खाते हुए भूटानी अंदाज़ में उन्हें कहेगा, ''चलो—चलो साहब जी, बस में बैठ जाओ....।''— जैसा अबतक वो हमें कहता आया था।

• • •

पानी पर तैरता स्वप्न-लोक : लोकतक झील

मणिपुर— प्रकृति के वैभव से परिपूर्ण होने के साथ-साथ; संगीत, कला, नाटक और प्रसिद्ध मार्शल आर्ट 'थांग टा' के लिए जाना जाता है। यहां 'नागा' तथा 'कूकी' समेत, लगभग 60 जनजातियां निवास करती हैं। यहां के लोग संगीत तथा कला में बड़े प्रवीण होते हैं। मणिपुर की आधिकारिक भाषा 'मैतेई' है, जिसे 'मणिपुरी' भी कहा जाता है। यह तिब्बती-बर्मी समूह की भाषा है। इसके अलावा यहां लगभग 23 बोलियां बोली जाती हैं। यहां के पहाड़ी ढालों पर चाय तथा घाटियों में धान की उपजें प्रमुख हैं। यहीं से होकर एक सड़क म्यांमार के लिये जाती है।

यहां तीन प्रमुख जनजातियां निवास करती हैं। घाटी में 'मैतेई' जनजाति और 'बिष्णुप्रिया मणिपुरी' रहती है, तो 'नागा' और 'कूकी' जनजातियां पहाड़ों पर रहती हैं। प्रत्येक जनजाति की ख़ास संस्कृति और रीति-रिवाज़ हैं, जो इनके नृत्य, संगीत तथा पारंपरिक लोकाचारों में दृष्टिगोचर होता है। भारत के पूर्वी सीमा पर स्थित इस राज्य के एक ओर पूर्व में म्यांमार है, तो उत्तर-पश्चिम दिशा में नागालैंड और दक्षिण में मिज़ोरम है।

मणिपुर की भौगोलिक स्थिति दर्शनीय है। उत्तरी तथा पूर्वी इलाकों में ऊंची पहाड़ियां हैं और मध्य भाग में मैदानी समतल है। यहां हर पहाड़ के बीच में किसी–न–किसी नदी का अस्तित्व है। 'इम्फाल' यहां की प्रमुख नदी है। अपनी विविध वनस्पतियों एवं जीव–जंतुओं के कारण मणिपुर को 'भारत का आभूषण' तथा 'पूरब का स्विट्जरलैंड' भी कहा जाता है। लुभाने वाले प्राकृतिक दृश्यों में विलक्षण फूल–पौधे, निर्मल वन, लहराती नदियां, पहाड़ियों पर छाई हरियाली शामिल हैं। इन सबके अलावा पर्यटकों के लिए अनेक आकर्षण हैं, जो राज्य में पर्यटन के विकास की ढेरों संभावनायें जुटाते हैं।

श्री गोविंद जी मंदिर, खारीम बंद बाज़ार (इमा कैथल), युद्ध कब्रिस्तान, शहीद मीनार, मेमोरियल कॉम्लेरक्सा, खोंघापत उद्यान, आईएनए मेमोरियल (मोइरांग), लोकतक झील, केयबुल लामजो राष्ट्रीय उद्यान, विष्णुपुर स्थित विष्णु मंदिर, सेंड्रा, डूको घाटी, राजकीय अजायबघर, खोंगजोम वार मेमोरियल आदि मणिपुर के कुछ महत्त्वपूर्ण पर्यटन–स्थल हैं।

हथकरघा उद्योग मणिपुर का सबसे बड़ा कुटीर उद्योग है। यहां यह उद्योग लंबे समय से फल–फूल रहा है और यह यहां सर्वाधिक रोजगार उपलब्ध करा रहा है– ख़ासकर महिलाओं को। मणिपुर के हथकरघा उत्पादों में साड़ी, चादर, पर्दे, फैशनवाले कपड़े, स्कार्फ़, तकिए के कवर आदि प्रमुख हैं।

ऐसे ही रंग–बिरंगे और समृद्ध मणिपुर के गले का हार है 'लोकतक झील'। यह झील मणिपुर के सबसे बड़े ज़िले, चुड़ाचांदपुर में स्थित है। भारत सरकार ने इसे 'संरक्षित क्षेत्र' घोषित कर रखा है। लोकतक झील मणिपुर के लिये बहुत आर्थिक और सांस्कृतिक महत्त्व रखती है। इसका जल विद्युत

उत्पादन, पीने और सिंचाई के लिये प्रयुक्त होता है। सड़क और हवाई मार्ग से अच्छी तरह से जुड़े मणिपुर की लोकतक झील तक पहुंचने के लिये आपको इम्फाल से सड़क मार्ग होकर 39 किमी की दूरी तय करनी होगी।

लोकतक झील अंतरराष्ट्रीय स्तर की ऐसी भूमि है जहां पहुंचकर आपको लगता है कि कहीं किसी दूसरी दुनिया में पहुंच गये। तो आइए, हम पानी पर तैरते इस अद्भुत लोकतक झील का आनंद भी लेते हैं और आपको इसके बारे में बताते भी हैं कि लोकतक झील में आखिर आप पर्यटन का आनंद किस–किस तरह से उठा सकते हैं। तो चलिए, चलते हैं झील की तरफ़–

लोकतक झील अपनी सतह पर तैरते हुए वनस्पति और मिट्टी से बने दीपों के लिए प्रसिद्ध है, जिन्हें 'कुंदी' कहा जाता है। 'लोकतक' के 'लोक' का अर्थ है झरना या नदी और 'तक' का अर्थ होता  है समाप्ति या अंत; क्योंकि मणिपुर की सारी नदियां आकर इसी झील में समा जाती हैं शायद इसीलिए इसका नाम लोकतक पड़ा। इस झील का कुल क्षेत्रफल लगभग 280 वर्ग किलोमीटर है, जो हवाई जहाज या गूगल अर्थ से छोटे–छोटे गोल रिंग की तरह दिखता है। यह लेक विश्व के कुछ गिने–चुने फ़्लोटिंग लेक– यानी पानी पर तैरने वाले द्वीपों में से एक है। यह झील मणिपुर के मरांग में स्थित है, जिसकी स्मृति और मनोहारी रंग–रूप के लिए प्रतिवर्ष 15 अक्टूबर को 'लोकतक डे' मनाया जाता है।

ये झील मणिपुर की अर्थव्यवस्था में महत्वपूर्ण भूमिका निभाती है। जलविद्युत उत्पादन, सिंचाई और पेयजल आपूर्ति के लिये ये पानी के स्रोत के रूप में कार्य करती है। झील मछुआरों के लिए आजीविका का एक स्रोत भी है जो आसपास के इलाक़ों में और 'फुंदी' पर रहते हैं, जिन्हें 'फुमशां' कहा जाता है। हालांकि मानवीय गतिविधियों के कारण झील के पारिस्थितिकी तंत्र पर गंभीर दबाव पड़ा है।

यह लेक इतना बड़ा है कि इसके हिस्से को उत्तरी, मध्य और दक्षिणी– तीन ज़ोन के अंदर बांटा गया है। इसके दक्षिणी हिस्से में स्थित है 'केयबुल लामजाओ नेशनल पार्क' जो इस झील पर सबसे बड़ा तैरता हुआ द्वीप है। 'केयबुल लामजाओ' का कुल क्षेत्रफल लगभग 40 वर्ग किलोमीटर है, जो विलुप्त होते शंघाई हिरणों की शरण–स्थली भी है। यह विश्व का एक मात्र तैरता हुआ राष्ट्रीय उद्यान भी है। हम नाव से इसके बीच गए और साथ के लोगों ने द्वीप पर उतरकर इसके गद्देदार बिछौने पर कूद–कूद के इसका भरपूर आनंद लिया।

लोकतक झील में छोटे–छोटे तैरते हुए अनेक टापू हैं, जिनमें से ज़्यादातर पर छोटे–छोटे कॉटेज बने हैं। यह होमस्टे कॉटेज काफी उचित दरों पर उपलब्ध हो जाते हैं, जिनमें रातभर के लिए ठहर कर आप झील के खामोश पानी, गहन नीरवता और चांदनी रात का भरपूर आनंद उठा सकते हैं। हमने भी एक रात इस झील पर बने कॉटेज 'लोकतक ईमा' में गुज़ारी। मणिपुरी में 'ईमा' का अर्थ होता है– मां; और मणिपुरी लोग लोकतक को मां जैसी श्रद्धा देते हैं।

इस होमस्टे में प्रवेश करने पर एक हॉल मिलता है। हम बता दें कि यह पूरा कॉटेज बांस और उसकी खपच्चियों से बना

हुआ रहता है। अन्दर कमरे बने रहते हैं, जहां सोने के लिये बिस्तर, मच्छरदानी, कंबल— सबकुछ उपलब्ध रहता है। यहां दो वॉशरूम भी मिलते हैं। उसके साइड में किचन की ओर बैठने और खाने की पूरी व्यवस्था है। अंदर बर्तन और गैस भी उपलब्ध रहता है; आप चाहें तो अपनी सामग्री लाकर स्वयं खाना भी बना सकते हैं। हमने वहां साथ लाए गए खाने का आनंद उठाया।

बाहर की ओर से सामने ऊंचे—ऊंचे पहाड़ दिखते हैं जहां से सूर्योदय की छटा बड़ी निराली होती है। हालांकि हमें सुबह सूरज—देव के दर्शन नहीं हुए; पर बादलों के पार से झांकती उनकी मनोहर छवि झील के पानी पर अलग ही प्रभाव छोड़ती दिखाई दे रही थी। शाम को इस होमस्टे में स्वचालित नौका से हम पहुंचे थे। नौका हमें यहां छोड़ लौट गई थी। इमरजेंसी के लिए छोटी—सी डोंगी ज़रूर बंधी थी और मुझे पूरा विश्वास था कि यदि संकट की घड़ी आई तो मेरे साथ लगातार बने रहे नावशेकपम राकेश और मोरांग केशोजित इस डोंगी से ज़रूर पार लगाएंगे।

मणिपुर के इस अद्भुत, अकल्पनीय और वर्णनातीत मेखला—समान लोकतक झील से वापस लौटने का वक्त आ चुका था। स्वचालित नौका धीरे—धीरे हमारे कॉटेज की तरफ हमें लेने के लिए आ रही थी, पर मन इस नैसर्गिक सुख और आनन्द को छोड़ जाने को तैयार नहीं था। हमारे विशेष आग्रह पर नौका—चालक ने हमें पूरे द्वीप का भ्रमण कराया। प्रवाल की तरह तैरते हुए छोटे—छोटे टापुओं का अपने बिल्कुल क़रीब से गुज़रते हुए देखने का अनुभव बहुत ही रोमांचक था।

बीच में ऐसे ही किसी द्वीप पर हम चाय पीने के लिए रुके तो कुत्ते और बिल्ली की शरारतों को भी देखा। अद्भुत पल, रोमांचक यात्रा और गहन अनुभवों को सहेजे जब मैं लोकतक झील से वापस लौट रहा था, तब भी जैसे वह झील मेरे साथ देर तक चल रही थी, चलती जा रही थी; मेरे भीतर जैसे वह समाती–सी जा रही थी– अव्यक्त, मौन स्वप्न–सी।

●●●

इतिहास की गवाही देता आमेर दुर्ग

आमेर दुर्ग (जिसे आमेर का क़िला या आंबेर का क़िला नाम से भी जाना जाता है), राजस्थान की राजधानी जयपुर में एक ऊंची पहाड़ी पर स्थित पर्वतीय दुर्ग है। आमेर के बसने से पहले इस जगह मीणा जनजाति के लोग रहते थे, जिन्हें कछवाहा राजपूतों ने अपने अधीन कर लिया था। यह दुर्ग अपने कलात्मक विशुद्ध हिन्दू वास्तु शैली के घटकों के लिये भी जाना जाता है। लाल बलुआ पत्थर एवं संगमरमर से निर्मित यह आकर्षक, भव्य दुर्ग चार स्तरों पर निर्मित है, जिसमें से प्रत्येक का एक विशाल प्रांगण है। इसमें दीवान–ए–आम अर्थात् जन साधारण का प्रांगण, दीवान–ए–ख़ास अर्थात् विशिष्ट प्रांगण, शीश महल या जय मन्दिर एवं सुख–निवास– चार भाग हैं। यह महल कछवाहा राजपूत महाराजाओं एवं उनके परिवारों का निवास–स्थान हुआ करता था। आमेर दुर्ग यूनेस्को द्वारा 'विश्व धरोहर स्थल' घोषित है।

आंबेर या आमेर को यह नाम यहां निकटस्थ चील के टीले नामक पहाड़ी पर स्थित अम्बिकेश्वर मन्दिर से मिला भी बताया जाता है। अम्बिकेश्वर नाम भगवान शिव के उस रूप का है जो इस मन्दिर में स्थित है, अर्थात् अम्बिका के ईश्वर। यहां के कुछ स्थानीय लोगों एवं किंवदन्तियों के अनुसार दुर्ग को यह नाम माता दुर्गा के पर्यायवाची अम्बा से मिला है।

इतिहासकार कर्नल जेम्स टॉड के अनुसार यहां के राजपूत स्वयं को अयोध्यापति राजा रामचन्द्र के पुत्र कुश के वंशज मानते हैं, जिससे उन्हें कुशवाहा नाम मिला जो कालांतर में कछवाहा हो गया।

किंवदंतियां यों तो बहुत-सी हैं, पर टॉड एवं कन्निंघम, दोनों ने ही अम्बिकेश्वर नामक शिव-स्वरूप से ही इसका नाम व्युत्पन्न माना है।

आमेर जयपुर से 11 कि.मी. उत्तर में स्थित एक कस्बा है, जिसका विस्तार 4 वर्ग किलोमीटर में है। दुर्ग यहां की एक ऊंची पहाड़ी पर स्थित है और इसकी प्राचीरों, द्वारों की श्रृंखलाओं एवं पत्थर के बने रास्तों से भरा ये दुर्ग पहाड़ी के ठीक नीचे बने मावठा सरोवर को निहारता प्रतीत होता है।

इतिहासकार जेम्स टॉड के अनुसार इस क्षेत्र को पहले 'खोगोंग' नाम से जाना जाता था। तब यहां मीणा राजा रलुन सिंह जिसे एलान सिंह चन्दा भी कहा जाता था, का राज था। वह बहुत ही नेक और अच्छा राजा था। उसने एक असहाय एवं बेघर राजपूत माता और उसके पुत्र को शरण मांगने पर अपना लिया। कालान्तर में मीणा राजा ने उस बच्चे ढोला राय (दूल्हेराय) को बड़ा होने पर मीणा रजवाड़े के प्रतिनिधि-स्वरूप दिल्ली भेजा।

मीणा राजवंश के लोग सदा ही शस्त्रों से सज्जित रहा करते थे, अतः उन पर आक्रमण करना और हराना आसान नहीं था। किन्तु वर्ष में केवल एक बार, दीवाली के दिन वे यहां

बने एक कुण्ड में अपने शस्त्रों को उतार कर अलग रख देते थे तथा स्नान एवं पितृ–तर्पण किया करते थे। ये बात अति गुप्त रखी जाती थी, किन्तु ढोलाराय ने एक ढोल बजाने वाले को ये बात बता दी जो आगे अन्य राजपूतों में फैल गयी। तब दीवाली के दिन घात लगाकर राजपूतों ने उन निहत्थे मीणाओं पर आक्रमण कर खोगोंग पर आधिपत्य प्राप्त किया।

इसका पहला निर्माण राजा कांकिल देव ने 1036 में आमेर की अपनी राजधानी बन जाने पर करवाया। यह आज के जयगढ़ दुर्ग के स्थान पर था। आज दिखने वाली यहां की अधिकांश इमारतें राजा मान सिंह प्रथम (दिसम्बर 21, 1550–जुलाई 6, 1614 ई०) के शासन में 1600 ई० के बाद बनवायी गयी थीं। उनमें से कुछ प्रमुख इमारतें हैं– आमेर महल का दीवान–ए–ख़ास और अत्यधिक सुन्दरता से चित्रित किया हुआ गणेश पोल द्वार, जिसका निर्माण राजा जय सिंह प्रथम ने करवाया था।

वर्तमान आमेर महल को 16वीं शताब्दी के उत्तरार्ध में बनवाया गया जो वहां के शासकों के निवास के लिये पहले से ही बने प्रासाद का ही एक प्रकार से विस्तार है। यहां का पुराना प्रासाद, जिसे 'कादिमी महल' कहा जाता है (प्राचीन का फ़ारसी अनुवाद)

भारत के प्राचीनतम विद्यमान महलों में से एक है। यह प्राचीन महल आमेर महल के पीछे की घाटी में बना हुआ है।

यह महल चार मुख्य भागों में बंटा हुआ है, जिनमें प्रत्येक के अलग–अलग प्रवेशद्वार एवं प्रांगण हैं।

मुख्य प्रवेश सूरज पोल द्वार से है जिससे जलेब चौक में आते हैं। यह द्वार पूर्वाभिमुख था एवं इससे उगते सूर्य की किरणें दुर्ग में प्रवेश पाती थीं, अतः इसे सूरज पोल कहा जाता है। सेना के घुड़सवार आदि एवं शाही गणमान्य व्यक्ति महल में इसी द्वार से प्रवेश पाते थे।

जलेब चौक

जलेब चौक अरबी भाषा का एक शब्द है, जिसका अर्थ है सैनिकों के एकत्र होने का स्थान। यह आमेर महल के चार प्रमुख प्रांगणों में से एक है जिसका निर्माण सवाई जय सिंह के शासनकाल (1693–1743 ई०) के बीच किया गया था।

यहां सेना नायकों की कमान में, जिन्हें 'फौज बख्शी' कहते थे, महाराजा के निजी अंगरक्षकों की परेड भी आयोजित हुआ करती थी। महाराजा उन रक्षकों की टुकड़ियों की सलामी लेते और निरीक्षण किया करते थे। इस प्रांगण के बगल में ही अस्तबल बना है, जिसके ऊपरी तल पर अंगरक्षकों के निवास स्थान थे।

जलेब चौक से एक सीढ़ीनुमा रास्ता महल के मुख्य प्रांगण को जाता है। यहां प्रवेश करते हुए दायीं ओर शिला देवी मन्दिर के लिए रास्ता है। इसके निकट ही शिरोमणि का वैष्णव मन्दिर है। इस मन्दिर का तोरण श्वेत संगमरमर का बना है और उसके दोनों ओर दो हाथियों की जीवन्त प्रतिमाएं हैं।

गणेश पोल

अगला द्वार है गणेश पोल, जिसका नाम भगवान गणेश पर है। भगवान गणेश विघ्नहर्ता माने जाते हैं और प्रथम पूज्य भी हैं, अतः महाराजा के निजी महल का प्रारम्भ यहां से होने पर यहां उनकी प्रतिमा भी स्थापित है। यह एक त्रि–स्तरीय इमारत है, जिसका अलंकरण राजा जय सिंह (1621–1627 ई०) के आदेशानुसार किया गया था।

इस द्वार के ऊपर सुहाग मन्दिर है, जहां से राजवंश की महिलायें दीवान–ए–आम में आयोजित हो रहे समारोहों का दर्शन झरोखों से किया करती थीं। इस द्वार की नक्काशी अत्यन्त आकर्षक

है। द्वार से जुड़ी दीवारों पर कलात्मक चित्र बनाए गए हैं। इन चित्रों के बारे में कहा जाता है कि उन महान् कारीगरों की कला से मुग़ल बादशाह जहांगीर इतना नाराज़ हो गया कि उसने इन चित्रों पर चूने–गारे की पर्त चढ़वा दी थी। कालान्तर में पर्त के प्लास्टर उखड़ने लगे और अब ये चित्र कुछ–कुछ दिखाई देने लगे हैं। जलेबी चौक के दायीं ओर एक छोटा किन्तु भव्य मन्दिर है जो कछवाहा राजपूतों की कुलदेवी शिला माता को समर्पित है।

आमेर दुर्ग का दीवान–ए–आम 27 स्तंभों की दोहरी कतार से घिरा प्रांगण है। प्रथम प्रांगण से मुख्य सीढ़ी द्वारा द्वितीय प्रांगण में पहुंचते हैं, जहां दीवान–ए–आम बना हुआ है। इसका प्रयोग जनसाधारण के दरबार हेतु किया जाता था। दोहरे स्तंभों की कतार से घिरा दीवान–ए–आम संगमरमर के एक ऊंचे चबूतरे पर बना लाल बलुआ पत्थर के 27 स्तंभों वाला हॉल है। इसके

स्तंभों पर हाथी–रूपी स्तंभशीर्ष बने हैं एवं उनके ऊपर चित्रों की श्रेणी बनी है। इसके नाम अनुसार राजा यहां स्थानीय जनसाधारण की समस्याएं, विनती एवं याचिकाएं सुनते एवं उनका निवारण किया करते थे।

तीसरा प्रांगण–शीश महल

शीश महल में महाराजा, उनके परिवार के सदस्यों एवं परिचरों के निजी कक्ष बने हुए हैं। इस प्रांगण का प्रवेश गणेश पोल द्वार से मिलता है। गणेश पोल पर उत्कृष्ट स्तर की चित्रकारी एवं शिल्पकारी है। इस प्रांगण में दो इमारतें एक–दूसरे के आमने–सामने बनी हैं। इनके बीच में मुग़ल उद्यान शैली के बाग बने हुए हैं। प्रवेशद्वार की बायीं ओर की इमारत को जय मन्दिर कहते हैं।

यह महल दर्पण जड़े फलकों से बना हुआ है एवं इसकी छत पर भी बहुरंगी शीशों का उत्कृष्ट प्रयोग कर अतिसुन्दर मीनाकारी और चित्रकारी की गयी है। ये दर्पण और शीशे के टुकड़े अवतल हैं और रंगीन चमकीले धातु–पत्रों से मंडित हैं। इसलिए ये मोमबत्ती के प्रकाश में तेज चमकते एवं झिलमिलाते हुए दिखाई देते हैं। उस समय यहां मोमबत्तियों का ही प्रयोग किया जाता था। इसीलिए इसे 'शीश महल' की संज्ञा दी गयी है।

शीश महल का निर्माण मान सिंह ने 16वीं शताब्दी में करवाया था और ये 1727 ई० में पूर्ण हुआ। यह जयपुर राज्य का स्थापना–वर्ष भी था। हालांकि यहां का अधिकांश काम 1970–80 के दशक में नष्ट–भ्रष्ट होता चला गया। बाद में इसके पुनरोद्धार एवं नवीनीकरण की कोशिश शुरू हुई और बहुत हद तक इसकी पुरानी भव्यता को सुरक्षित कर लिया गया।

सुख महल

इस प्रांगण में बनी दूसरी इमारत जय मन्दिर के सामने है और इसे सुख निवास या सुख महल नाम से जाना जाता है। इस कक्ष का प्रवेशद्वार चंदन की लकड़ी से बना है और इसमें जालीदार संगमरमर का कार्य है। नलिकाओं (पाइपों) द्वारा लाया गया जल यहां एक खुली नाली द्वारा बहता रहता था, जिसके कारण भवन का वातावरण शीतल बना रहता था– ठीक आज के वातानुकूलित भवनों की तरह। इन नालियों के बाद यह जल उद्यान की क्यारियों में जाता है। इस महल का एक विशेष आकर्षण है डोली महल, जिसका आकार एक डोली की भांति है, जिनमें तब राजपूत महिलाएं कहीं भी आना–जाना किया करती थीं। इन्हीं महलों में प्रवेश–द्वार के अन्दर डोली महल से पहले एक भूल–भूलैया भी बनी है, जहां महाराजा अपनी रानियों और पटरानियों के संग हंसी–ठिठोली करते और आंख–मिचौनी का खेल खेला करते थे। राजा मान सिंह की कई रानियां थीं और जब वे युद्ध से लौटकर आते थे तो सभी रानियों में सबसे पहले उनसे मिलने की होड़ लगा करती थी। ऐसे में राजा मान सिंह इस भूल–भूलैया में घुस जाया करते और इधर–उधर घूमते रहते थे। जो रानी उन्हें सबसे पहले ढूंढ़ लेती, उसे ही प्रथम मिलन का सुख प्राप्त होता था।

जादुई पुष्प

जादुई पुष्प आमेर दुर्ग के स्तंभों में संगमरमर में उकेरा हुआ अद्भुत एवं अनोखे डिजाइन हैं। यह स्तंभाधार एक तितली के जोड़े को दिखाता है जिसमें पुष्प–जैसे सात विशिष्ट एवं अनोखे डिजाइन हैं। इनमें मछली की पूंछ, कमल, नाग का फण, हाथी की सूंड़, सिंह की पूंछ एवं बिच्छू के रूपांकन हैं; जिनमें से कोई एक वस्तु हाथों से एक विशेष प्रकार से ढंकने पर कुछ प्रतीत

होती है तो दूसरे प्रकार से ढंकने पर दूसरी वस्तु प्रतीत होती
लें

मान सिंह प्रथम का महल

इस प्रांगण के दक्षिण में मानसिंह प्रथम का महल है और यह
महल का पुराना भाग है। इस महल को बनाने में 25 वर्ष लगे
एवं यह राजा मान सिंह प्रथम के काल में (1589–1614 ई०) में
1599 ई० में बन कर तैयार हुआ। यह यहां का मुख्य महल है।

इसके केन्द्रीय प्रांगण में स्तंभों वाली बारादरी है, जिसका भरपूर
अलंकरण रंगीन टाइलों एवं भित्तिचित्रों द्वारा निचले और ऊपरी,
दोनों ही तलों पर किया गया है। इस महल के एकान्त को
बनाये रखने के लिए इसे पर्दों से ढंका जाता था जिसका प्रयोग
यहां की महारानियां (राजसी परिवार की स्त्रियां) अपनी बैठकों
एवं आपस में मिलने–जुलने के लिए किया करती थीं। इस
मण्डप के बाहरी तरफ़ खुले झरोखे वाले छोटे–छोटे कक्ष हैं।
इस महल से निकास का मार्ग विभिन्न मन्दिरों, हवेलियों एवं
कोठियों वाले पुराने आमेर शहर की ओर जाता है।

त्रिपोलिया द्वार

यहां की स्थानीय भाषा में पोल का अर्थ द्वार होता है, तो
त्रिपोलिया अर्थात् तीन दरवाज़ों वाला द्वार। यह पश्चिमी ओर
से महल में प्रवेश का रास्ता है जो तीन तरफ़ खुलता है– एक
जलेब चौक को, दूसरा मान सिंह महल को एवं तीसरा दक्षिण
में बनी जनाना ड्योढ़ी की ओर।

सिंह द्वार

सिंह द्वार विशिष्ट द्वार है जो कभी संतरियों द्वारा सुरक्षित रहा
करता था। इस द्वार से महल परिसर के निजी भवनों की ओर

प्रवेश मिलता है और इसकी सुरक्षा एवं सशक्त होने के कारण ही इसे सिंह द्वार कहा जाता था।

सवाई जय सिंह (1699–1743 ई०) के काल में बना यह द्वार भित्ति चित्रों से अलंकृत है और इसे टेढ़ा–मेढ़ा बनाया गया है, ताकि किसी आक्रमण की स्थिति में आक्रमणकारियों को यहां सीधा प्रवेश नहीं मिल पाये।

चतुर्थ प्रांगण

चौथे प्रांगण में राजपरिवार की महिलायें निवास करती थीं। इनके अलावा रानियों की दासियां और राजा की उपस्त्रियां भी यहीं निवास करती थीं। इस भाग में बहुत से कक्ष बने हैं जो एक ही गलियारे में खुलते हैं।

यहां 'जस मन्दिर' नाम से एक निजी कक्ष भी है, जिसमें कांच के फूलों की महीन कारीगरी के साथ–साथ सिलखड़ी या संगमरमरी खड़िया (प्लास्टर ऑफ पैरिस) की उभरी हुई उत्कृष्ट नक्काशी भी मिलती है।

आमेर का कस्बा इस दुर्ग एवं महल का अभिन्न एवं अपरिहार्य अंग होने के साथ–साथ इसका प्रवेशद्वार भी है। यह कस्बा अब एक धरोहर–स्थल बन गया है तथा इसकी अर्थ–व्यवस्था अधिकांश रूप से यहां आने वाले पर्यटकों की बड़ी संख्या– लगभग 4000 से 5000 प्रतिदिन– पर निर्भर रहती है।

फ़िल्मों की शूटिंग

आमेर दुर्ग बहुत–सी हिन्दी फ़िल्मों का गवाह रहा है। फ़िल्म 'बाजीराव मस्तानी' के गीत, 'मोहे रंग दो लाल....' पर अभिनेत्री दीपिका पादुकोण का कत्थक नृत्य इसी दुर्ग की पृष्ठभूमि में

फ़िल्माया गया है। इसके अलावा 'मुग़ले आज़म', 'जोधा अकबर', 'शुद्ध देसी रोमांस', 'भूल भुलैया' जैसी कई बॉलीवुड फ़िल्मों के अलावा, कुछ हॉलीवुड फ़िल्मों, 'नार्थ वेस्ट फ्रंटियर', 'द बेस्ट एग्ज़ॉटिक' आदि फ़िल्मों की शूटिंग भी यहां हो चुकी है।

एक बार एक फ़िल्म की शूटिंग के दौरान 500 वर्ष पुराना झरोखा गिर गया तथा चांद महल की पुरानी चूने–पत्थर की छत को भी क्षति पहुंची थी। फ़िल्म कंपनी ने अपने सेट्स खड़े करने के लिए यहां ड्रिल किये थे तथा जलेब चौक पर ख़ूब रेत भी फैलायी थी। इसे राजस्थान स्मारक एवं पुरातात्त्विक स्थल एवं एन्टिक अधिनियम (1961) की उपेक्षा एवं उल्लंघन माना गया था और उचित कार्रवाई भी की गई थी।

कैसे पहुंचें

आमेर क़िला एक प्रकार से जयपुर शहर के केन्द्र में है। क़िले के आधार तक पहुंचना अत्यंत सरल है। इसके लिये किराये की टैक्सी, ऑटोरिक्शा, नगर बस सेवा या निजी कार द्वारा आसानी से पहुंचा जा सकता है।

• • •

भारत में इटली देखना हो तो लवासा जायें....

आज फिर मैं तैयार हूं एक और डेस्टिनेशन पर आपको ले जाने के लिये। वह डेस्टिनेशन है पुणे का एक बहुत ही मशहूर शहर— लवासा.... लवासा शहर को इसके माउंटेन रेंज की हरियाली, शानदार झीलों और खूबसूरत नदियों के दिल छू लेने वाले नज़ारों के लिये जाना जाता है।

लवासा महाराष्ट्र के पुणे ज़िले में पुणे और मुंबई के समीप स्थित एक नियोजित नगर है। इसे हिन्दुस्तान कंस्ट्रक्शन कंपनी द्वारा इटली के पोर्टोफीनो नगर की तर्ज़ पर बनाया गया, जिसे भारत की स्वतंत्रता के बाद निर्मित पहले हिल स्टेशन के रूप में भी विज्ञापित किया जाता है।

पुणे और मुंबई के पास वरसगांव बांध के पीछे बाजी पासलकर जलाशय के किनारे, पश्चिमी घाट में पच्चीस हज़ार एकड़ क्षेत्र में विकसित है लवासा। ये शहर वरसगांव बांध जलाशय को

चारों तरफ से घेरने वाली आठ बड़ी–बड़ी पहाड़ियों की गोद में स्थित है। इस परियोजना का निर्माण–कार्य प्राथमिक इंजीनियरिंग सलाहकार के रूप में हिंकन टेक्नो कन्सल्टेन्ट्स के साथ अजीत गुलाबचंद की हिंदुस्तान कंस्ट्रक्शन कंपनी द्वारा किया गया, हालांकि मुख्य योजना को अमेरिका के एचओके ने विकसित किया था।

वरसगांव बांध का जलाशय मानसून के आने से पहले गर्मियों के महीनों में काफी हद तक सूख जाता है। इस समस्या को ध्यान में रखते हुए एचसीसी ने एक छोटा बांध बनाया, जिससे एक से आठ मिलियन घन मीटर जल–धारण क्षमता वाले एक जलाशय का निर्माण हुआ।

तो चलिए, अब चलते हैं लवासा की ओर। हमारे मित्र डॉ सुनील देवधर की कार हाज़िर थी और वे स्वयं भी हमारी सेवा में जी–जान से लगे थे।

अगर देखिए तो मेरा पुणे का यह प्रवास शायद दूसरा या तीसरा था; पर पहले के प्रयासों में जहां पारिवारिक उत्सव कारण बने थे और जिस कारण घूमना नहीं हो पाया था, सो इस बार हम सारी कसर पूरी कर लेना चाहते थे।

वैसे तो लवासा जाने के लिये पांच सड़क मार्ग हैं, पर उनमें से एक रास्ता अधिक सुगम है, सो हमने वही मार्ग पकड़ा। रास्ते के दोनों तरफ खिले पीले फूलों की लम्बी कतारों ने जैसे रास्ता बताने का काम किया और हम उनकी ख़ूबसूरती में खोये वरसगांव बांध कब पार कर गये, कुछ पता ही न चला। हम एक जगह चाय पीने के लिए रुके, फिर चल पड़े।

अब हम लवासा के मुख्य द्वार तक पहुंच चुके थे। इस द्वार से अंदर आते ही चारों ओर फैले पहाड़ों और मनोरम झील से हमारा सामना हुआ। लवासा पहुंचते ही ऐसा लगा जैसे हम किसी विदेशी धरती पर आ गये हों। मूसे वैली झील के चारों ओर बसा यह शहर इतना व्यवस्थित और शांतिपूर्ण है कि यह शहर नहीं, एक सजीव चित्रकला–सा प्रतीत होता है।

यहां घूमने के प्रमुख स्थलों की बात करें, तो वे हैं–

मूसे वैली झील (Mose Valley Lake)

ये झील लवासा की आत्मा है। इसके किनारे टहलिए, नौकायन कीजिए या कुछ न करना हो तो बस इसके किनारे बैठकर इसकी शांत लहरों को निहारते रहिए, मन बिल्कुल तृप्त हो जायेगा।

पारसेरी पॉइंट (Dasve View Point)

यहां से पूरे लवासा शहर का विहंगम दृश्य देखने को मिलता है। पहाड़ों से घिरा यह क्षेत्र सूर्यास्त के समय अद्भुत सौंदर्य से सराबोर होता है। हमने यहां की कुछ यादगार तस्वीरें लीं।

टेमपो कैफ़े और झील किनारे कैफ़े

लवासा में खाने–पीने के लिए कई सुंदर और आकर्षक कैफ़े हैं, झील के किनारे बैठकर कॉफी की चुस्कियों और हल्के संगीत के साथ इसका आनन्द लिया जा सकता है। पर अभी इक्का–दुक्के कैफ़े ही चल रहे थे; स्पष्टतः कोरोना के प्रभाव से ये शहर अब तक उबरा नहीं था।

गतिविधियां और रोमांच

लवासा केवल सुंदरता ही नहीं, बल्कि साहसिक गतिविधियों के लिए भी जाना जाता है। यहां जेट स्कीइंग, कायकिंग, रैपलिंग और रॉक क्लाइंबिंग जैसी कई गतिविधियां उपलब्ध हैं, लेकिन अभी सभी बंद थीं। इसके अलावा, यहाँ साइकिलिंग ट्रैक्स भी हैं जहां किराये की साइकिल लेकर आप पूरे शहर का भ्रमण कर सकते हैं।

रात्रि की छटा

लोगों ने बताया कि रात में लवासा किसी स्वप्नलोक जैसा प्रतीत होता है। झील के किनारे लगी रोशनियां, पानी में उनका प्रतिबिंब और ठंडी हवाओं के बीच झील की सतह पर तैरती नावें– यह दृश्य अद्भुत होता है। हम दिन में गये थे और जल्दी लौटना था, इसलिए इस रोमांच से वंचित रहे। वैसे भी, अभी होटल वगैरह की बुकिंग बंद थी।

निवास और सुविधाए

वहां के कुछ स्थानीय लोगों से बात करने पर पता चला कि लवासा में कई तरह के आवास उपलब्ध हैं– लक्ज़री रिसॉर्ट्स

से लेकर बजट होटल्स तक। हां, वहां ठहरने के लिए पहले से बुकिंग करानी पड़ती है। अंदर हम सबसे पहले पहुंचे लवासा के कैफेटेरिया कॉन्फ्रेंस हॉल और इंटरनेशनल कम्युनिटी सेंटर के बगल के हिस्से में, जो पूरी तरह वीरान पड़ा था। इसकी वीरानी समझी जा सकती थी, क्योंकि हम 2020 में कोरोना के समाप्त होने के कुछ ही महीने बाद पहुंचे थे। इस जगह लवासा शहर के दो छोर दिखाई देते हैं और इन दोनों छोरों को जोड़ने का काम एक पुल करता है। हम बहुत देर तक उस पुल पर खड़े रहे पर बहुत कम लोग इधर–उधर दिखाई दिये। हम जहां

भी गये वहां अजीब–सी ख़ामोशी पसरी मिली। बड़ी–बड़ी इमारतें वीरान पडी थीं और जहां कभी सैलानियों की भरमार होती थी, वहां ख़ामोशी छायी थी। आज से लगभग

तीस साल पहले लवासा की कल्पना एक नियोजित नगर के रूप में करके इसे बसाने और हॉलिडे होम के तर्ज पर विकसित करने की कोशिश की गई थी, जिसमें इंटरनेशनल कम्युनिटी सेंटर, कॉन्फ्रेंस हॉल, स्कूल, कॉलेज, अस्पताल, कैफ़ेटेरिया सब कुछ उपलब्ध हो। लेकिन वक़्त और हालात ने इसकी राह में रुकावटें खड़ी कर दीं और इसे पूरी तरह विकसित होने का अवसर नहीं दिया। चारों ओर बड़े–बड़े आलीशान बंगले और पर्यटकों के रहने के लिए बने कॉटेजों के प्रतिबिम्ब झील के पानी पर अपनी अलग छाप छोड़ रहे थे, वहीं पर्यटकों के इंतजार में छोटे–छोटे सूने, खामोश शिकारे भी पानी पर उदास भाव से बंधे दिखे।

आज की स्थिति ये है कि लवासा अब बिक चुका है और एक कंपनी द्वारा इसे फिर से डेवलप करने की योजना है। फिर भी यदि आप इटली जैसी खूबसूरती को भारत में क़रीब से देखना चाहते हैं, तो एक बार यहां घूमने ज़रूर जाएं, ख़ासकर बाारिश के दिनों में। यहां आप सुबह 10 बजे से शाम के 6 बजे के बीच कभी भी घूमने के लिए जा सकते हैं। लवासा में एक व्यूपॉइंट का भी निर्माण किया गया है जो सैलानियों की बेहद पसंदीदा जगह है। फ़ोटोग्राफी का शौक रखने वालों को तो एक बार यहां ज़रूर आना चाहिए।

देखा जाये तो लवासा भारत का पहला प्लांड हिल स्टेशन था जिसमें अरबों रुपये इसे बनाने के लिए लगाये गए। हज़ारों लोगों ने इस प्रोजेक्ट में अपने पैसे लगाए, लेकिन जिस लवासा को दो लाख लोगों के रहने के लिए डिजाइन किया गया था, वहां आज बीस हज़ार लोग भी नहीं रहते।

लवासा के शुरुआती प्लान में पांच सब–टाउन थे और हर टाउन को उसे अपना एक झील दिया गया था। हर टाउन की अपनी एक अलग ख़ासियत थी। कुछ को रेसिडेंशियल, कुछ को मनोरंजन, किसी को फ़िल्म प्रोडक्शन तो किसी को आईटी के लिए अलग–अलग डिजाइन किया गया था। इन सभी टाउन्स में बड़े पैमाने पर काफी सुंदर घर, विला और टूरिस्ट स्पॉट बनाए जा रहे थे। लोग भी अच्छी–खासी कीमत पर यहां निवेश कर रहे थे या बैंकों से ब्याज पर लोन लेकर यहां घर ख़रीद रहे थे। लोगों से वादा किया जा रहा था कि यहां अंतरराष्ट्रीय संस्थान बनेंगे, जिसमें ऑक्सफोर्ड विश्वविद्यालय की इकाई भी शामिल होगी। खेलों के लिए भी आधारभूत संरचना विकसित की जाएगी। यहां मैनचेस्टर युनाइटेड क्लब भी पार्टनर के तौर पर काम करेगी। इसके अलावे कई एमएनसी, आईटी कंपनी

और लग्जरी होटल चेन यहां अपने प्रोजेक्ट शुरु करेंगे। इसके कारण लवासा देखते ही देखते भारत का सबसे पसंदीदा रियल एस्टेट प्रोजेक्ट बन गया और उसी हिसाब से लोग यहां अपनी गाढ़ी कमाई का निवेश कर करने लगे। शुरुआती दौर में लवासा में बहुत तेजी से काम हुआ भी। साल 2008—09 तक कुछ इलाके तैयार भी हो गए और लोगों के सामने उनके सपनों का शहर लवासा आकार लेने लगा। लेकिन, साल 2010 के बाद अचानक बदलाव दिखाई देने लगा। वास्तव में, वेस्टर्न गार्ड या सह्याद्रि माउंटेन रेंज यूनेस्को द्वारा सुरक्षित प्राकृतिक ज़ोन है। इसलिए इस इलाके में निर्माण के लिए अलग—अलग तरह की परमिशन की ज़रूरत होती है, लेकिन जल्दीबाज़ी में निर्माण शुरू करने के पहले आवश्यक परमिट नहीं ली गई। पर्यावरण मंत्रालय में जब अनेक शिकायतें पहुंचीं, तब कहीं जाकर मंत्रालय जागा और कार्रवाई शुरू की। दरअसल लवासा के लिए राज्य सरकार से तो इजाज़त ली गई थी, लेकिन केंद्र सरकार से नहीं। इसलिए पर्यावरण मंत्रालय ने 2011 में अपने पूरे साइट पर सारे काम बंद करने के निर्देश दे दिए। लवासा और महाराष्ट्र सरकार ने तर्क दिया कि चूंकि लवासा सिटी समुद्र.तल से सौ मीटर ऊपर नहीं है, इसलिए यह पर्वतीय विकास के नियमों के अन्तर्गत नहीं आता, अतः केंद्र के परमिशन की ज़रूरत नहीं है। लेकिन सच्चाई यह थी कि लवासा समुद्र—तल से सौ मीटर की ऊंचाई पर स्थित था। साथ—साथ पर्यावरण मंत्रालय के उस समय के एक और नियम के मुताबिक अगर कोई प्रोजेक्ट पचास करोड़ से अधिक का है और एक हज़ार से अधिक लोगों की यदि भागीदारी है तो ऐसे प्रोजेक्ट के लिए केंद्र से परमिशन लेना ज़रूरी था। पर ये दोनों काम नहीं किये गये और राज्य तथा केंद्र सरकार की इस रस्साकशी में काम वर्षों बंद पड़ा रहा और काम ठप्प पड़ने से लोगों की गाढ़ी कमाई एक प्रकार से डूब ही गई। इधर लवासा कॉरपोरेशन की पैरेंट कंपनी पहले

से ही दो हज़ार करोड़ रुपये के कर्ज़ में थी और वो इस प्रोजेक्ट को फिर से संभालने लें किसी प्रकार सक्षम नहीं थी। इसी कारण वह परियोजना का निर्माण फिर से शुरू नहीं कर पाई। जिन लोगों ने अपनी पूरी कमाई और लोन लेकर यहां निवेश किया था वो पैसे बर्बाद हो गए। जिस समय काम बंद हुआ उस समय दो टाउन्स पर काम चल रहे थे, उनमें से एक पूरी तरह तैयार हो गया था और कई बिजनेस भी वहां शुरू हो गए थे।

आज की बात करें तो लवासा आज सिर्फ एक छोटा-सा टूरिस्ट स्पॉट बनकर रह गया है, जहां लोग मुंबई-पुणे एक्सप्रेस-वे से होते हुए पिकनिक मनाने पहुंचते हैं। अगर आप कुछ समय के लिए जीवन की आपाधापी से दूर जाना चाहते हैं, तो लवासा आपके लिए एक परिपूर्ण ठिकाना हो सकता है। लवासा में जितने भी क्षण हमने बिताये, वह एक नई ताज़गी, एक नया एहसास लेकर आया। पर लवासा के लगभग खंडहर में तब्दील होते मकान, कॉटेज, कम्यूनिटी हॉल- सभी इस उजड़े हुए शहर की दास्तान कहने के लिए काफ़ी थे और इस व्यथा को लेकर ही हम वापस पुणे लौट रहे थे।

• • •

शिलाओं पर लिखा शौर्य : सिंहगढ़ क़िला

देखें, तो हमारा देश विविधताओं का देश है। यह विविधता हमारी भाषा, संस्कृति, वेशभूषा और खान–पान में ही नहीं दिखाई देती, बल्कि प्रकृति ने भी अपना वैभव प्रदर्शित करने में देश को विविधवर्णी बनाए रखा है। पछाड़ खाते समुद्र, कल–कल बहती नदियां, ख़ूबसूरत जलप्रपात, गहन वन–प्रांतर, नक्काशीदार महल और प्राचीन प्रस्तर–निर्मित दुर्ग– यह सभी मिलकर हमारे मन–प्राणों में ऐसा सौंदर्य रचते हैं कि मन बार–बार वहां जाना चाहे। इसी चाहत के साथ हम आपको ले चल रहे हैं महाराष्ट्र के पुणे स्थित प्रसिद्ध सिंहगढ़ क़िले की ओर। पुणे के हमारे अभिन्न मित्र, सुप्रसिद्ध लेखक और अनुवादक, डॉ सुनील देवधर अपने अनुपम आतिथ्य–प्रेम के साथ न सिर्फ मेरे सहचर और सारथी बने रहे, बल्कि अनेक बार उन्होंने गाइड की भूमिका भी बख़ूबी निभाई। तो चलिए, चलते हैं सिंहगढ़ क़िले की ओर....

सिंहगढ़ पुणे शहर से लगभग 35 किलोमीटर की दूरी पर दक्षिण-पश्चिम में सहयाद्री पर्वत-श्रृंखला में भूलेश्वर पर्वत पर समुद्र-तल से लगभग 1317 मीटर ऊपर स्थित एक प्राचीन दुर्ग है। प्रचलित मान्यताओं और तथ्यों के हिसाब से इस क़िले का निर्माण लगभग 2000 साल पहले हुआ माना जाता है। प्रमाणस्वरूप कौंडिन्येवर मंदिर की गुफाएं और नक्काशी तथा क़िले के मुख्य द्वार पर गोंडवाना राज्य का प्रतीक-चिन्ह देखा जा सकता है, जिसमें सिंह और हाथी के साथ मछली भी उत्कीर्ण है। प्रारंभ में इस क़िले को ऋषि कौन्दिन्य के नाम पर 'कोंढाना' क़िले के नाम से जाना जाता था। 1328 में मोहम्मद बिन तुगलक द्वारा क़िले पर कब्ज़े से लेकर, 1817 में ईस्ट इंडिया कंपनी द्वारा क़िले को हस्तगत किये जाने तक, ये अनेक लड़ाइयों का गवाह बना रहा। इनमें सबसे प्रसिद्ध लड़ाई थी 1670 की, जिसमें छत्रपति शिवाजी महाराज ने अपने कोली सूबेदार तानाजी मालुसरे की वीरता के कारण क़िले को तीसरी बार जीता, जो 1689 तक मराठा शासन के अधीन रहा। इस युद्ध में तानाजी मालुसरे ने वीरगति प्राप्त की थी। इस दुखद समाचार को सुनकर शिवाजी ने इन शब्दों के साथ पश्चाताप किया था- ''गद आला पण सिंह गेला''- यानी क़िला जीत लिया, लेकिन शेर खो दिया....।

प्राचीन धरोहरों, खंडहरों या क़िलों में जिन लोगों की दिलचस्पी हो वे सिंहगढ़ जाना ज़रूर पसंद करेंगे। आमतौर से यह क़िला पूरे साल खुला रहता है जहां आप सुबह 6 बजे से शाम 6 बजे तक के बीच कभी भी जा सकते हैं; पर मानसून या जाड़ों के दिनों में यहां का नज़ारा नयनाभिराम होता है। वैसे घूमने के लिए नवंबर से फ़रवरी तक का समय सबसे मुफ़ीद होता है। क़िले के अंदर प्रवेश शुल्क 10 या 20 रुपये प्रति व्यक्ति है। क़िले को यदि आप पूरी तरह से देखना चाहें या

फ़ोटोग्राफी/वीडियोग्राफी के उद्देश्य से जा रहे हों, तो दिनभर का वक़्त लेकर जाना चाहिए। हां, वहां भ्रमण के लिए कुछ आवश्यक वस्तुएं भी अपने साथ रखनी होंगी– जैसे दवाओं की किट, गर्म कपड़े, छाता, चश्मा, टोपी, पानी की बोतल– जैसी ज़रूरी चीज़ें। सिंहगढ़ जाने के लिए प्राइवेट टैक्सी तथा बस उपलब्ध है, जिससे आसानी से यहां पहुंचा जा सकता है।

फिर क्या था, आवश्यक तैयारी के साथ हम भी निकल पड़े सिंहगढ़ क़िले की यात्रा पर। तो इंतज़ार किस बात का... आप भी चलिए हमारे साथ। मित्र सुनील देवधर अब आ गए थे सारथी की भूमिका में और हमारी कार भागती जा रही थी सिंहगढ़ की तरफ़।

वीरभूमि की ओर पहला क़दम

पुणे से हम चले थे तो धूप का सामना था और सूरज की किरणें घने पेड़ों के बीच से छन कर नीचे उतर रही थीं। पर जैसे–जैसे हम क़िले की ऊंचाई की तरफ आने लगे, गहरी धुंध से हमारा सामना होता गया। हमने जल्दी से पार्किंग में गाड़ी पार्क की और बढ़ चले क़िले के मुख्य द्वार की तरफ़।

किले की चढ़ाई आसान नहीं थी। जैसे–जैसे हम ऊपर की ओर बढ़ते गए, पगडंडियां संकरी होती गईं, लेकिन हमारा मन विस्तृत होता गया। स्थानीय लोग, रास्ते में टोकरियों में खीरा, अमरूद आदि फल बेचती ग्रामीण महिलायें और छोटे–छोटे भोजनालय– सब सिंहगढ़ की आत्मा को जीवंत बनाए हुए थे। यात्रियों की भीड़ में छात्र, शोधार्थी, इतिहासप्रेमी और सामान्य पर्यटक– सब जैसे घुल–मिल गये लगते थे। सबके चेहरे पर एक–समान उत्सुकता, श्रद्धा और अभिमान के भाव झलक रहे थे। क़िले की

सीढ़ियां चढ़ते जगह–जगह संकेतक दिखे जो बताते थे कि यह रास्ता न केवल भौगोलिक है, बल्कि ऐतिहासिक भी है। कभी यहीं से चलकर छत्रपति शिवाजी महाराज के परममित्र तानाजी मालुसरे उस अंतिम युद्ध के लिए गए थे, जिसने सिंहगढ़ को हमेशा के लिए उनकी गाथा में अमर कर दिया।

इतिहास की पगडंडियों पर : स्वराज्य का द्वार

इस क़िले के दो प्रवेश द्वार हैं– उत्तर–पूर्व में पुणे दरवाज़ा और दक्षिण–पूर्व में कल्याण दरवाज़ा। कल्याण दरवाज़ा का मार्ग अब बंद कर दिया गया है। क़िले के चारों ओर गहरी धुंध छाई थी और हम पुणे द्वार की ओर बढ़ चले थे। जैसे ही चढ़ाई अपने अंतिम चरण में पहुंचती है, सामने प्रकट होता है सिंहगढ़ का प्राचीन प्रवेशद्वार जो समय के थपेड़ों के बावजूद अपनी भव्यता में अडिग खड़ा है। यह केवल एक द्वार नहीं है, यह मराठा स्वराज्य का प्रतीक भी है। पहला दृश्य जो ऊंचाई से दिखा, वह था पुणे शहर का विस्तार और सह्याद्रि की गहराई, जैसे प्रकृति स्वयं सिंहगढ़ की वीरता को सलामी दे रही हो। हवा में एक विचित्र–सी अनुगूंज व्याप्त थी जैसे युद्ध के नगाड़े दूर कहीं बज रहे हों। यह पहला क़दम सिंहगढ़ की आत्मा से मिलन की शुरूआत थी, जहां हर मोड़, हर पत्थर और हवा की सरसराहट जैसे कोई कथा कह रही थी। कभी कोई सैनिक यहां से भागा होगा, कभी किसी तोप को यहां खींच कर लाया गया होगा तो कभी किसी सेनापति ने यहीं से अपनी सेना को आदेश दिया होगा।

हम क़िले के ऊपर पहुंचे तो नीचे से वीरान–सा दिख रहा क़िला अब जागृत और भीड़भाड़ से युक्त दिखने लगा था। यहां टपरी

वाले छोटे–छोटे होटल और खान–पान की व्यवस्था देखी। पता चला कि आसपास के गांव वाले ही ये सारी व्यवस्था करते हैं।

हमने पहले भ्रमण का ही कार्यक्रम बनाया। सुनील बाबू आगे–आगे पथ–प्रदर्शक बने थे और मैं अपने कैमरे में छवियां उतारने में व्यस्त उनसे थोड़ा पीछे। ऊपर पहुंचकर धुंध के साथ ठंडी हवाओं ने हमारा स्वागत् किया तो हमने साथ में रखे गर्म कपड़े, टोपी और मफ़लर का दामन थामा।

ऊपर में कई स्थानों पर चाय की टपरियां और विश्रामगृह दिखते हैं, लेकिन यह आराम आधुनिक नहीं, बल्कि एक पड़ाव जैसा लगता है, ठीक वैसे ही जैसे अतीत में थके हुए सैनिक कुछ देर छांव में रुकते होंगे। मार्ग में एक स्थान पर एक पुराना बोर्ड दिखाई देता है– 'तानाजी शूरवीर यहीं से गए थे'। श्रद्धा से सिर झुक जाता है। यह वह जगह है जहां से तानाजी ने अपना अंतिम अभियान शुरू किया था। 'गद आला, पण सिंह गेला'– जैसे अमर शब्दों को जन्म देने वाला युद्ध यहीं घटित हुआ था।

चढ़ाई जैसे–जैसे कठिन होती जाती थी, मन में गर्व उतना ही गहराता जाता था। कुछ स्थानों पर प्राकृतिक दृश्य इतने भव्य हैं कि आप ठहरने को मजबूर हो जायेंगे। अतल घाटियों की गहराई, आसमान की नीली छाया और दूर–दूर तक फैले खिलौने की मानिन्द गांव– जैसे किसी चित्रकार की तूलिका से चित्र उतारे गये हों। यह सौंदर्य आंखों को ही नहीं, आत्मा को भी भिगो देता है।

आगे जहां हम पहुंचे उस स्थान को 'हाथी टैंक' के नाम से जाना जाता है। हालांकि इसका आकार बहुत बड़ा नहीं है, पर कहते हैं कि यहां कभी हाथियों को नहलाया जाता था। इसके

बाद हम पहुंचे अमृतेश्वर मंदिर। यह क़िले के दक्षिणी ओर है। इसमें भैरव और भैरवी की मूर्तियां हैं, जिनकी पूजा स्थानीय मछुआरे लोग करते हैं। मंदिर में सन्नाटा पसरा था। हमने पूरे मंदिर का एक चक्कर लगाया, फिर बाहर निकल आये।

इसके बाद गंतव्य था तानाजी मालुसरे का समाधि–स्थल। शिवाजी महाराज के सरदार तानाजी मालुसरे ने अपने पुत्र का विवाह छोड़ लड़ाई लड़ी थी। कोंढाना के इस क़िले पर शिवाजी महाराज से पहले भी अनेक राजाओं ने राज किया था। शिवाजी महाराज के समय यह क़िला उनके अधीन था। जब यह क़िला आदिलशाह के पास था, तो दादू जी कुंडदेव इस क़िले के सूबेदार थे, जिसे बाद में शिवाजी ने अपने अधीन किया था। सन 1649 में शिवाजी महाराज ने आदिलशाह से अपने पिता को छुड़ाने के बदले में ये क़िला उसे वापस कर दिया था। शिवाजी महाराज ने जून 1665 में मुग़लों से किए गए क़रार के तहत कोंढाना सहित 22 क़िले उन्हें लौटाये थे।

हालांकि इस घटना ने शिवाजी को विचलित कर रखा था और वह किसी भी हाल में कोंढाना का क़िला वापस चाहते थे। इस काम के लिए उन्होंने अपने वीर सरदार तानाजी मालुसरे को चुना। तानाजी ने शिवाजी का आदेश मानते हुए 4 फरवरी, 1672 को अपनी सेना के साथ क़िले पर आक्रमण कर

दिया। भीषण लड़ाई हुई। आख़िरकार मराठाओं ने मुग़लों को परास्त कर क़िला तो जीत लिया, पर इस मुहिम में तानाजी को अपनी जान गंवानी पड़ी। शिवाजी को जब यह दुखद सूचना मिली तो उनके मुंह से निकला– ''गद आला पण सिंह गेला''– यानी क़िला जीत लिया, लेकिन शेर खो दिया....। तानाजी की याद में ही उन्होंने इसका नाम 'सिंहगढ़' रखा। इस समाधि–स्थल पर तानाजी के युद्ध की प्रतिमाएं भी हैं और एक ओर दीवार पर युद्ध के दृश्य भी उत्कीर्ण हैं। इसी पृष्ठभूमि पर 'तानाजी' फ़िल्म का निर्माण किया गया था।

अब हम आगे की ओर बढ़ चले। आगे इतनी धुंध थी कि ऊपर से नीचे का और आसपास का दृश्य बिल्कुल दिखाई नहीं दे रहा था। यहां से दूर एक चोटी दिख रही थी जो जुंजुर बुरुज, यानी बुर्ज कहलाती है। यहां से नीचे का दृश्य बहुत अच्छा दिखता है, पर धुंध के चलते वहां से कुछ भी दिखना फिलहाल मुश्किल था। हम फिर आगे बढ़ चले और धीरे–धीरे करके हम कल्याण दरवाज़े तक पहुंच गए। इस विशाल द्वार से नीचे उतरने के लिए पत्थरों की सीढ़ियां बनी थीं। द्वार के नीचे से यह पूरा बुर्ज अपने विशालकाय रूप में दिखाई देता है।

दुर्ग में सैनिकों और सेवकों की दिनचर्या

यदि हम इतिहास में जायें तो पाते हैं कि किले का जीवन तब केवल युद्ध और राजनीति तक सीमित नहीं था, बल्कि उसमें एक विस्तृत सामाजिक संरचना भी समाहित थी। सिंहगढ़ किले के भीतर सैनिकों, सेवकों, कर्मचारियों, शिल्पकारों, पुरोहितों और उनके परिवारों का समावेश था। प्रत्येक प्रहर के लिए निश्चित कार्य निर्धारित होता था। सूर्योदय से पहले ही किले में जीवन की हलचल आरम्भ हो जाती थी। प्रहरी अपने–अपने बुर्जों पर

मोर्चा संभालते, रसोईघरों में भोजन की तैयारी होने लगती और मंदिरों से घंटियों की गूंज दूर तक सुनाई देने लगती थी।

यहां के सैनिकों की दिनचर्या कड़े अनुशासन में बंधी होती थी। सुबह का व्यायाम, अस्त्र–शस्त्र का अभ्यास, पहरे की व्यवस्था और संदेशवाहकों का संचालन– इन सबका अभ्यास निरंतर चलता रहता। यह सुनिश्चित किया जाता कि प्रत्येक सैनिक न केवल युद्ध के लिए तैयार हो, बल्कि सतर्क और आत्मनिर्भर भी रहे। वहां महिलाओं की भी पर्याप्त भूमिका होती। वे भोजन, कपड़े, औषधि–निर्माण के साथ–साथ, बच्चों की देखभाल में व्यस्त रहतीं। कभी–कभी क़िले में उत्सव और धार्मिक अनुष्ठान भी आयोजित होते जो सामूहिकता और सामंजस्य की भावना को बढ़ाने का काम करते। होली, दीपावली, दशहरा आदि पर्वों पर यहां विशेष सजावट की जाती और क़िले का वातावरण उल्लास और भक्ति से भर जाता। इस प्रकार यह केवल एक सैन्य क़िला नहीं, बल्कि एक जीवंत और संतुलित समाज का उदाहरण था।

सिंहगढ़ की भौगोलिक शक्ति

सिंहगढ़ क़िला केवल स्थापत्य या रणनीतिक तौर पर ही शक्तिशाली नहीं था, बल्कि उसकी भौगोलिक स्थिति उसे लगभग अजेय बनाती थी। समुद्र तल से लगभग 1,312 मीटर की ऊंचाई पर स्थित यह क़िला सह्याद्रि की पर्वतमाला में एक ऊंचे पठार पर स्थित है। चारों ओर से खड़ी चट्टानों और गहरी खाइयों से घिरा यह किला स्वाभाविक रूप से सुरक्षित था। उत्तर, दक्षिण, पूर्व और पश्चिम– चारों दिशाओं से आने वाले मार्ग इतने कठिन और दुर्गम थे कि किसी भी शत्रु के लिए यहां चढ़ाई करना

अत्यंत दुष्कर और चुनौतीपूर्ण था। बरसात के मौसम में तो यह दुर्ग और भी अभेद्य हो जाता।

शिवाजी महाराज ने सिंहगढ़ जैसे क़िलों को अपनी सैन्य–नीति में इसलिए शामिल किया क्योंकि वे जानते थे कि यह भूमि ही उनकी सबसे बड़ी ढाल है, जो अंत तक मराठा साम्राज्य की रीढ़ बनी रही। आज जब हम वहां खड़े होकर घाटियों की गहराइयों में झांकते हैं, तो भय और रोमांच दोनों का अनुभव होता है।

सिंहगढ़ : आध्यात्मिक ऊर्जा का स्रोत

इस क़िले में स्थित सबसे प्रमुख धार्मिक स्थल है– देवी काली माता का मंदिर। यह मंदिर सिंहगढ़ के दक्षिणी हिस्से में स्थित है। प्राचीन समय में यहां प्रतिदिन दीप जलाए जाते थे। युद्ध पर जाने से पहले सैनिक यहां माथा टेकते, विजय की कामना करते और शक्ति की प्रार्थना करते। यह मंदिर वीरता और श्रद्धा का अद्भुत संगम प्रस्तुत करता है।

इसके अतिरिक्त हनुमान जी का एक छोटा–सा मंदिर भी यहां स्थित है, जहां सैनिक बल, साहस और विजय के लिए प्रार्थना करते थे। शिवाजी महाराज स्वयं भगवान् हनुमान के उपासक माने जाते थे और उनके अनेक अभियानों में यह आस्था उन्हें आंतरिक शक्ति प्रदान करती थी। इन धार्मिक स्थलों के माध्यम से सिंहगढ़ क़िला केवल एक युद्धभूमि नहीं, बल्कि एक आध्यात्मिक आश्रय बन जाता था जहां शक्ति, श्रद्धा और संस्कृति एकत्र होकर एक महान् परंपरा को जन्म देती थीं।

शस्त्रागार : युद्ध के औज़ार

सिंहगढ़ क़िला मराठा साम्राज्य के लिए एक महत्वपूर्ण रक्षा–कवच था जिसके भीतर मौजूद तोपें तथा हथियार युद्ध के समय किले की रक्षा में अहम भूमिका निभाते थे। यहां के विशाल शस्त्रागार में तलवारें, भाले, धनुष–बाण, बंदूकें, और युद्ध–कवच रखे जाते थे जो न केवल व्यावहारिक होते थे, बल्कि कलात्मक भी। इन हथियारों का निर्माण लोकल कारीगरों और धातु–विशेषज्ञों द्वारा किया जाता था। युद्ध में प्रयोग होने वाले बारूद और गोले भी शस्त्रागार का हिस्सा हुआ करते थे जिन्हें विशेष सुरंगों और गुप्त तहख़ानों में सुरक्षित रखा जाता था। आज यहां हथियार नहीं हैं, एकाध तोपें ज़रूर हैं जो पर्यटकों के मन में गौरव और रोमांच की भावना भरने में क़ामयाब होती हैं।

भविष्य की विरासत

सिंहगढ़ क़िला सह्याद्रि पर्वत–श्रृंखलाओं के बीच स्थित है, जहां हरियाली, वनस्पतियों और जैव–विविधता के दर्शन होते हैं। मानसून के महीनों में यह क्षेत्र हरे कालीन की तरह सज जाता है और बादलों की चादर इस दुर्ग को किसी स्वर्गिक लोक का रूप दे देती है। वन्यजीवों की उपस्थिति, पक्षियों की चहचहाहट और जंगली फूलों की महक, इस क्षेत्र को पर्यावरणीय दृष्टि से अत्यंत समृद्ध बनाती हैं।

हालांकि बढ़ते पर्यटन और मानव–हस्तक्षेप के चलते सिंहगढ़ के पर्यावरण पर दबाव बढ़ा है। ट्रेकिंग मार्गों पर कचरे का जमाव, ध्वनि प्रदूषण और अतिक्रमण जैसे मुद्दे इसके संरक्षण की आवश्यकता को दर्शाते हैं। पुणे महानगरपालिका और कुछ

स्वयंसेवी संगठन कचरा प्रबंधन, जैविक शौचालयों की स्थापना, स्वच्छता अभियानों का संचालन आदि कार्यों में संलग्न हैं तो जैव विविधता के संरक्षण हेतु वन विभाग द्वारा वृक्षारोपण, सघन वन निगरानी और जागरूकता शिविरों का आयोजन किया जाता है। पर इतना पर्याप्त नहीं है। संरक्षण केवल भौतिक ढांचे का नहीं, उस संवेदनशील पारिस्थितिकी का भी होना चाहिए, जो इस क़िले की आत्मा है और इसके लिये पर्यटकों की भी ज़िम्मेदारी बनती है कि कचरा इधर–उधर ना डालें और क़िले के पर्यावरण को स्वच्छ रखने में अपनी भूमिका का निर्वाह करें।

इतना घूमने के बाद हम थक चुके थे और भूख भी लग आई थी, इसलिए हम पहुंचे वहां के खाने वाले टपरे में, जहां गरम–गरम पकौड़ियां तलती देख मुंह में पानी भर आया। वहां गैस पर कुछ और भी चढ़ा हुआ था। ये क्या बन रहा है तो उन्होंने मराठी में कुछ बताया जिसका अनुवाद कर सुनील ने बताया... 'मटकीची उसल'। ये अनेक प्रकार की दालों से तैयार होती है।

हमने इस सुस्वादु भोजन और चाय का जी–भर के आनंद उठाया, पर इस आनंद ने थकान को अपने ऊपर हावी होने का अवसर भी दे दिया इसलिए अब हमें लगा कि लौटना चाहिए और लौटते–लौटते जितना देखा जा सकता है, देख लें। यहां खाने–पीने का सारा सामान नीचे से खच्चरों की पीठ पर लाद कर लाया जाता है जो हमें दिखे भी। साथ ही, मार्ग में कटे फल, पानी की बोतलें– सब उपलब्ध रहती हैं।

फिर हम पहुंचे तिलक–निवास। सिंहगढ़ क़िले का संबंध भारतीय स्वतंत्रता–संग्राम से भी जुड़ता है। बाल गंगाधर तिलक ने इस क़िले का उपयोग ग्रीष्मकालीन विश्राम–स्थल के रूप में किया

था। यही वो स्थान है, जहां दक्षिण अफ्रीका से लौटने के बाद महात्मा गांधी की तिलक से ऐतिहासिक भेंट हुई थी। यहां बाल गंगाधर तिलक की प्रतिमा बिल्कुल सामने थी।

इसके बाद हम वहां पहुंचे जहां तानाजी मालुसरे ने युद्ध के वक़्त अपना एक हाथ गंवा दिया था... इसके आगे छत्रपति राजाराम महाराज की समाधि है। छत्रपति राजाराम सिंहगढ़ क़िले की देखभाल किया करते थे....

अब हम पहुंचे 'घोड़याची पागा'–यानी घोड़े के अस्तबल में। यह एक गुफा है, जो कभी घोड़े का अस्तबल हुआ करती थी, ऐसा कहा जाता है। यहां पहुंचकर सुनील देवधर के अंदर का गाइड और कमेंटेटर एकदम से जागृत हो उठा। यहां बाहर में एक सूचना–पट्टिका लगी हुई है, पहले उसे पढ़ कर उन्होंने सुनाया। इसके बाद हम पहुंचे इस गुफा के अंदर। गुफा की हालत बहुत ही ख़राब थी। इसमें नीचे पानी भरा था और वहां अंदर तक जाना–आना बहुत मुश्किल था। यहां घूमने आए कुछ लोगों से हमने बातचीत भी की.... बताते चलें कि इसी परिसर में आकाशवाणी और दूरदर्शन का ट्रांसमीटर भी लगा है।

अब धुंध कुछ–कुछ कम होने लगी थी और क़िले के नीचे के दृश्य कुछ हद तक साफ़ नज़र आने लगे थे हालांकि दोपहर की धूप गर्म हो चली थी। हम क़िले की सीढ़ियों से नीचे उतर रहे थे तो कुछ लोग ऊपर क़िले की ओर जा भी रहे थे। इनमें भोपाल से पधारे एक बुजुर्ग संपत राव जी मिले, जिन्होंने मराठी में अपने उद्गार व्यक्त किये..... सुनील देवधर ने उनकी बातों का अनुवाद किया। यहां क़िले की सीढ़ियां चढ़ रहे दो बुजुर्ग और मिले.....

गाड़ियां और लोग अभी भी निरंतर आ रहे थे, जबकि हमारे प्रस्थान का समय हो चुका था। सिंहगढ़ क़िले की हमारी यह यात्रा केवल एक ऐतिहासिक यात्रा नहीं थी, बल्कि यह आत्मा को छूने वाला एक अनुभव बन हृदय में बस गयी थी। इस यात्रा से केवल अतीत में झांकना–भर नहीं था, बल्कि इसे हमने वर्तमान और भविष्य की ज़िम्मेदारी का अहसास कराने के साधन के रूप में लिया था। आज जब हम इन दुर्गों और प्राचीरों को देखते हैं, तो हमें यह समझ में आता है कि इन धरोहरों को संरक्षित करना केवल पुरातत्वविदों का काम नहीं, बल्कि हम सबका साझा कर्तव्य है। सिंहगढ़ भले ही एक क़िला है, पर उससे भी आगे वह एक जीवित स्मृति है; शौर्य, बलिदान और सौंदर्य की संगमभूमि है। यही उसकी अमरता है। यही उसका भावार्थ है– समय के पार, पत्थरों में गूंजती अमरता।

सुनील की कार से हम वापस सिंहगढ़ के क़िले से नीचे की ओर जा रहे थे, जहां हवा की सरसराहट नहीं थी, धुंध का कोई धुंधलापन नहीं था, सूरज की तपिश नहीं थी; फिर भी हम ख़ामोश थे। शायद हम अतीत में कहीं तानाजी मालुसरे जैसे योद्धा की वीरता से अभिभूत थे और ये सोच रहे थे कि हमारा जीवन धन्य है जो हमारा जन्म ऐसी मिट्टी में हुआ, जिसमें तानाजी जैसे सूरमा योद्धाओं का शोणित मिला हुआ है....।

•••

लहरों के परों पर उड़ान : दमन

कुछ यात्राएं केवल पर्यटन के लिए नहीं होतीं। वे आत्मा को टटोलने, मन को समझने और जीवन की आपाधापी से बाहर निकलकर शांत ठहराव में खो जाने के लिए भी होती हैं।

ऐसी ही एक यात्रा की शुरुआत 2 दिसंबर, 2024 को हुई, जब मन ने शहर की भागमभाग से बगावत कर दिया और मोबाइल की घंटियों तथा सोशल मीडिया की अतृप्त ख्वाहिशों के बीच, एक समंदर ने अंदर से पुकारा 'आ जाओ.... थोड़ा मेरी लहरों के पास बैठकर अठखेलियां तो कर लो।'

लेकिन ये पुकार सिर्फ़ समंदर की लहरों की नहीं थी। ये पुकार चार मित्रों की थी, एक–दूसरे के लिये.... कि चलें, हम चार.... सुदूर.... किसी छांव में.... शहर के कोलाहल, भीड़भाड़ से दूर। ये चार मित्र थे– कोटा से डॉ रामावतार मेघवाल, पुणे से श्री

संजय पवार, नंदुरबार से डॉ जसवंत सींघ बल्वी और चौथा पटना से मैं (तब मैं दिल्ली में था, बेटे विकी के पास)।

हमने दमन इसलिए चुना क्योंकि दमन जाने से हमारे कई उद्देश्य पूरे हो रहे थे– एक तो शांत समुद्र का मज़ा लेना था; दूसरे, विश्वप्रसिद्ध 'स्टैच्यू ऑफ़ यूनिटी' देखना था; और तीसरे, कि डॉ जसवंत सींघ बल्वी की चाहत थी कि हम नंदुरबार, (उनके गांव–वान्या विहिर अक्कलकुवा, महाराष्ट्र) उनके घर आयें और ग्रामीण परिवेश का आनन्द लें।

इसलिए हम सबने बड़ौदा में इकट्ठा होने का प्रोग्राम बनाया। मैं दिल्ली से 2 दिसंबर की सुबह बड़ौदा पहुंचा। मेघवाल जी कोटा से वहां मुझसे पहले ही पहुंच चुके थे और संजय पवार तथा जसवंत सिंह नंदुरबार से टैक्सी लेकर हमसे मिलने और आगे की यात्रा साथ में तय करने के लिए बड़ौदा निकल चुके थे।

हमसब इस यात्रा को लेकर अत्यंत उत्साहित और रोमांचित थे। ऐसा इसलिए भी कि हम चारों पहली बार जून 2024 में भूटान में मिले थे, पर भूटान में साथ बिताये चार–पांच दिनों ने हमारे भीतर आत्मीयता का ऐसा बीज बोया कि हम फिर से मिलने के लिए छटपटाने लगे। इसी का परिणाम था– दमन की यात्रा।

सुबह के लगभग दस बजे हम सब बड़ौदा में इकट्ठे हुए, नाश्ता किया और हमारी यात्रा की विधिवत् शुरुआत हो गई।

गाड़ी हमारे साथ थी और ड्राइवर थे भारी–भरकम सत्तार भाई, जो बाद में हमारे दोस्त ही बन गये। हम भी उनकी कुशल ड्राइविंग और उनके हाथों में खुद को सौंप सुरक्षित महसूस

करते रहे और शहर की हलचल को पीछे छोड़ते हुए हम रवाना हो गये।

बड़ौदा से दमन की सड़क से दूरी लगभग 251 किमी है। सड़कें सजीव चित्रों की भांति लग रही थीं। दाएं–बाएं खेत, कभी–कभी दूर पहाड़ों की एक झलक और बीच–बीच में चाय–नाश्ते की छोटी–छोटी दुकानें। सूरज धीरे–धीरे ऊपर चढ़ रहा था और मेरे भीतर एक अजीब–सी उत्सुकता घर करती जा रही थी..... मानो कोई नई किताब खुलने वाली हो। जैसे–जैसे हम आगे बढ़े, सड़कें थोड़ी संकरी होती गईं हालांकि हरियाली बढ़ती गई। दमन के पास पहुंचते ही हवा में नमक घुला हुआ महसूस होता है; समंदर क़रीब है, इसका अहसास धीरे से सांसों में उतरने लगता है।

हमलोग बलसाड़ होते हुए जब दमन पहुंचे तो सांझ की लाली सड़कों पर उतर चुकी थी। हमने जल्दी–जल्दी कुछ होटल देखे और चूंकि देवकी बीच का नाम सुन रखा था, इसलिए उस बीच–साइड का होटल ही हमने चुना। हमने चेक–इन किया

और बावजूद लम्बी थकाऊ यात्रा के हम देवकी बीच की तरफ़ निकल चले। मैंने अपना डीएसएलआर कैमरा संभाला और दूसरों ने मोबाइल। इस 'बीच' का जितना नाम सुना था, उस हिसाब से इसे देख थोड़ी निराशा ही हुई। वहां समंदर का पानी किनारे से बहुत दूर था। दूर तक पत्थर ही पत्थर नज़र आ रहे थे। बीच–साइड में गंदगी भी बहुत थी। यहां–वहां कुछ आवारा कुत्ते भी घूम रहे थे। उसी में हमने अपने लिए भी जगह बनाई और ढलते सूर्य के साथ हमने जमकर फ़ोटोग्राफ़ी की।

जब सांझ का धूसर रंग चारों तरफ़ फैलने लगा तो हम होटल के अपने कमरों में लौट आये। तय हुआ कि दूसरे दिन यहां के अन्य समुद्र–तटों पर जाया जायेगा।

भौगोलिक और ऐतिहासिक परिचय

दमन भारतीय केन्द्रशासित प्रदेश, दादरा और नगर हवेली और दमन और दीव के दमन ज़िले का एक नगरपालिका क्षेत्र और नगर है। दमन दो भागों में विभाजित है– नानी–दमन (नानी का अर्थ छोटा होता है) और मोती दमन (मोती मतलब बड़ा)। पर मामला यहां उलट है। यानी 'नानी दमन' बड़ा है और 'मोती दमन' छोटा। नानी दमन में अस्पताल, बड़े बाज़ार और बड़े रहाइशी मकान हैं जबकि मोती दमन अपेक्षाकृत पुराना शहर है।

इतिहास

एक पुर्तगाली, डियोगो डी मेलो सन् 1523 में संयोगवश पहली बार इस स्थान पर पहुंचे थे। जब वो ओर्मस की ओर जा रहे थे तो एक तूफ़ान में फंसकर उनकी नाव दमन तट पर पहुंच

गयी। इसके बाद ही यह पुर्तगाली उपनिवेश बना और लगभग 400 वर्षों तक बना रहा। 16वीं सदी में मुग़लों से बचने के लिए मोटी दमन में एक बड़ा दुर्ग बनाया गया जो आज भी अपने मूल रूप में विद्यमान है। वर्तमान समय में अधिकांश सरकारी कार्यालय इस दुर्ग के अन्दर ही स्थित हैं। दमन को पुर्तगालियों और भारतीयों के मध्य युद्ध के पश्चात् दिसम्बर 1961 में भारत में शामिल किया गया। पहले इसकी राजधानी गोवा हुआ करती थी, लेकिन अब यहां की राजधानी सिलवासा है।

दमन का इतिहास पुर्तगालियों से गहराई से जुड़ा है। 16वीं शताब्दी में पुर्तगाली यहां आए और लगभग 400 वर्षों तक इस क्षेत्र पर शासन करते रहे। यही कारण है कि यहां की वास्तुकला, चर्च, क़िले– यहां तक कि भाषा में भी पुर्तगाली छाप स्पष्ट दिखाई देती है।

पर्यटन के महत्व के स्थान

मोती दमन क़िला

ये क़िला समुद्र से सटा हुआ है और इसका निर्माण 1559 में हुआ था। विशाल दीवारें, लंबी प्राचीर और समुद्र की ओर खुलते द्वार– सबकुछ जैसे इतिहास को एकबारगी ज़िंदा कर देते हैं। इसके अंदर जायें तो चर्च, प्रशासनिक भवन और पुराने आवासीय परिसर मिलते हैं।

सेन कैथेड्रल

यह चर्च 1603 में बना था और इसकी स्थापत्य–शैली गॉथिक एवं पुर्तगाली का सम्मिश्रण है। भीतर की दीवारों पर लकड़ी की

नक्काशी और स्तंभों की महीन कारीगरी देखते ही बनती है। वहां बैठकर लगता है मानो समय ठहर–सा गया हो।

नानी दमन : आधुनिकता के रंग

नानी दमन अपेक्षाकृत आधुनिक क्षेत्र है। यहां बाज़ार, होटल, रेस्टोरेंट और रिहायशी कॉलोनियां अधिक हैं। यहां की गलियों में जीवन है जो युवा पर्यटकों के लिए ख़ास आकर्षण का केंद्र है।

जैन मंदिर

नानी दमन दुर्ग के उत्तरी भाग में महावीर स्वामी का 18वीं सदी का जैन मंदिर है। यह श्वेत संगमरमर और सुन्दर नक्काशी के साथ बना हुआ है। दीवारों पर सुन्दर कांच लगा हुआ है जिसके अन्दर 18वीं सदी की भित्तियां महावीर स्वामी के जीवन को निरूपित करती हैं।

हालांकि हम चाह कर भी इन पर्यटन–स्थलों तक नहीं जा पाये।

स्वाद का सफ़र और जंपोर बीच

दूसरे दिन सुबह तैयार होकर हम जंपोर बीच के लिए निकले। लेकिन वहां जाने से पहले एक महत्वपूर्ण काम हमें करना था, और वह था नाश्ता। ऐसे पर्यटन–स्थलों की सुबह प्रायः अलसाई हुई होती है। पर्यटक रात देर तक मौज–मस्ती कर सुबह देर से उठते हैं तो अधिकांश होटल भी 10–11 बजे से पहले नहीं जागते। लेकिन हम खुशनसीब थे कि पास में ही एक रेस्टोरेंट खुला हुआ मिल गया। हमने अपने हिसाब से नाश्ता ऑर्डर कर दिया।

दमन एक तटीय क्षेत्र है इसलिए यहां का खानपान मुख्यतः समुद्री भोजन पर आधारित है। फिश फ़ाई, झींगे की करी और ताज़ा ग्रिल्ड मछली यहां के लोकप्रिय व्यंजन हैं। कुछ रेस्टोरेंट्स में पुर्तगाली व्यंजनों का भी स्वाद मिल जाता है– जैसे, Feijoada (बीन्स और मांस की एक प्रकार की डिश)। यदि आप शाकाहारी हैं तो भी चिंता की बात नहीं। गुजराती थाली से लेकर साउथ इंडियन डोसा तक– सबकुछ उपलब्ध है। भरपेट नाश्ता करने के बाद हम पहुंचे जंपोर बीच.....

जंपोर बीच नानी दमन से कुछ किलोमीटर की दूरी पर ही है। यह एक शांत, विस्तृत समुद्र–तट है, जहां लहरें बहुत दूर तक आती–जाती हैं और आकर आपके पैरों से लिपट जाती हैं। देवकी बीच–जैसी वीरानी यहां नहीं थी। पर्यटक भी यहां काफी थे। यहां ऊंट की सवारी, पैरासेलिंग, स्पीड बोटिंग और बग्गी राइड जैसे छोटे साहसिक खेल उपलब्ध हैं। हमने पैरासेलिंग करने की सोची। इससे पहले हममें से किसी ने पैरासेलिंग नहीं की थी। पर दूसरों को करते देख हिम्मत बंधी। हमने उसके लिए शायद 700 ⁄ रु. प्रति व्यक्ति टिकट ख़रीदा था। उसके बाद हमें एक स्पीड बोट से किनारे से लगभग आधे किमी. की दूरी पर समुद्र की लहरों पर तैरते एक प्लेटफ़ार्म तक पहुंचाया गया। वहां हमारे अतिरिक्त कुछ और सैलानी– लड़कियां, पुरुष–औरतें– भी मौजूद थे।

हमसब रोमांचित थे, शायद थोड़ा डरे हुए भी थे, पर दूसरों को ऊपर आकाश में उड़ते देख हिम्मत भी जुटा रहे थे। जब मेरी बारी आई तो मुझे भी औरों की तरह हार्नेस (harness) पहनाया गया। यह एक प्रकार की बेल्ट होती है, जो आपको जकड़ कर रखती है और गिरने नहीं देती। ये हार्नेस लम्बी–मोटी रस्सी से बंधा होता है, जिसके दूसरे सिरे पर एक

पैराशूट होता है। ये रस्सी एक स्पीड—बोट से बंधी होती है जिसे वो खींचकर पहले दूर ले जाती है और फिर धीरे—धीरे छोड़ती है; ठीक उसी प्रकार जिस प्रकार पतंग को ढील दी जाती है।

अब बारी थी मेरे उड़ने की। मैं भी तैयार था। बोट ने मुझे हवा के परों पर लाकर छोड़ दिया था और मैं ऊंचा, और ऊंचा जाकर जैसे आसमान से बातें करने लगा था। मेरे ऊपर नीले आसमान की छतरी थी और नीचे समंदर की अथाह जलराशि। तक़रीबन मैं समुद्र से सौ फीट ऊपर था। मेरे आसपास हवा की तेज़ सरसराहट थी या नीचे से बोट की आती मद्धिम आवाज, पर, उसमें एक अजीब तरह का सुकून था, जिसे आज के पहले मैंने कभी महसूस नहीं किया था। नीचे मेरे मित्र मेरी फ़ोटो उतारने और वीडियो बनाने में व्यस्त दिखे। लगभग डेढ़ मिनट की अपनी इस रोमांचक उड़ान के बाद जब मैं नीचे आया तो जैसे निःशब्द हो गया था। उस अनुभव को शब्दों में बयां करना मेरे लिए आज भी कठिन है।

उस अनुभव से निकलकर जंपोर बीच से बाहर आये तो सामने टैटू शॉप दिखा। हम वैसे ही वहां टाइमपास करने चले गये। पर वहां पहुंचकर मित्रों ने सोचा कि आये हैं तो टैटू भी बनवा ही लिया जाये। सबने डिजायन पसंद की और बैठ गये टैटू बनवाने। मेरी ऐसी कोई इच्छा नहीं थी। सच कहूं तो उससे होने वाले दर्द की सोच कर मैं अनिच्छुक था। लेकिन जब बारी—बारी से सभी ने टैटू बनवा लिया तो मुझे भी कहने लगे कि मैं भी बनवा लूं.... कुछ नहीं होता.... हल्की चुभन—भर होती है। उन सभी को देख आख़िरकार मैंने भी हिम्मत जुटाकर टैटू बनवा ही लिया— दमन की ख़ास निशानी.....

अब शाम हो चली थी। इस वक्त किसी समुद्रतट पर बैठकर सूर्यास्त की रंगत देखना एक अनमोल अनुभव होगा, ये सोचकर हम फिर से बीच की तरफ़ निकल आये। समंदर का किनारा धीरे–धीरे पीले से सुनहरा होता जा रहा था.... और आसमान विविध रंगों का कैनवास बनकर हमारे मन–प्राणों पर एक इन्द्रधनुष रचता जा रहा था।

अब अंधेरा धीरे–धीरे पसरने लगा था। हम सुबह होटल से चेकआउट कर के ही निकले थे, ये सोचकर कि जहां जगह मिलेगी, वहां रह लेंगे, सिर्फ़ रात ही तो गुज़ारनी है.... सुबह–सबेरे हमें नंदुरबार– जसपाल जी के गांव जो निकलना है। हमारी आपस की बातचीत सुनकर टैटू वाले ने हमसे होटल लेने के बारे में पूछा। हमें और क्या चाहिए था। हमारे 'हां' कहने पर उसने पास में ही एक होटल दिखाया जो अभी बनकर पूरी तरह तैयार भी नहीं हुआ था, पर होटल–जैसी सारी सुविधायें उसमें थीं और किराया बहुत ही कम– चार लोगों के लिए मात्र दो हज़ार रुपये। सो, हम मय सामान उसमें जाकर समा गए। दमन के लोग बेहद सरल, शांत और मेहमाननवाज़ हैं। हिंदी, गुजराती, मराठी और अंग्रेज़ी यहां आम तौर पर बोली जाती हैं। यहां की संस्कृति में एक अनूठा मिश्रण– पुर्तगाली विरासत, गुजराती जीवंतता और समुद्री सौंदर्य– देखने को मिलता है। ऐसी ही मेहमानवाज़ी उस टैटू वाले ने दिखाई, जिससे अभिभूत होकर हम उस होटल में ठहर गये थे।

ठहराव के क्षण : मन की बातें

कभी–कभी किसी यात्रा का सबसे महत्वपूर्ण हिस्सा वह नहीं होता जो आप देखते हैं, बल्कि वह होता है जो आप महसूस करते हैं। दमन में बिताए वे शांत पल बिना किसी शोर–शराबे

के, सिर्फ अपने भीतर झांकते हुए मेरे जीवन की सबसे क़ीमती यादों में शामिल हो गए हैं। समंदर से बातें करना, ख़ाली बीच पर टहलना और सूरज को डूबते देखना— यह सब ध्यान के एक सत्र जैसा था। अब दमन मेरे लिए सिर्फ एक पर्यटन–स्थल नहीं रहा था, वह एक भावना बन कर मेरे हृदय के कोरों में समा गया था। दो दिनों की यह यात्रा जैसे पलक झपकते ही बीत गई। लेकिन यह समय स्मृतियों और अनुभवों से भरपूर रहा, इसमें कोई शक नहीं....।

दमन से लौटने के बाद ये बात शिद्दत से महसूस हुई कि आख़िर दमन ही क्यों.... समुद्रतट तो और भी हैं..... तो इसका जवाब ये है कि यदि आप समंदर के किनारे शांत समय बिताना चाहते हैं, यदि आप पुर्तगाली इतिहास और संस्कृति को निकट से महसूस करना चाहते हैं, यदि आप भीड़–भाड़, कोलाहल से दूर, एक आत्मिक विश्राम चाहते हैं तो दमन से बढ़िया कोई जगह नहीं। यहां कोई दौड़ नहीं, कोई आपाधापी नहीं, कोई हड़बड़ी नहीं.... यहां केवल पछाड़ खाती लहरों का संगीत है, और ये ऐसा संगीत है जो आपके मनोमस्तिष्क को सुकून का अहसास कराता है। ये संगीत उस समय भी हमारे भीतर बजता सुनाई दे रहा था, जब सुबह–सबेरे हमारी कार दमन को पीछे छोड़ती हुई नंदुरबार– जसपाल जी के गांव की ओर भागती जा रही थी....।

• • •

अद्भुत है नेपाल का पोखरा

अपने नयनाभिराम सौंदर्य के लिए प्रसिद्ध नेपाल पर्यटकों को एक अद्भुत अहसास प्रदान करता है। हिमालय के उत्तुंग शिखरों के मनमोहक दृश्य, पर्वतीय ग्रामीण क्षेत्रों के नज़ारे और वन्यप्राणियों की कल्लोल–क्रीड़ाओं का जादू बरबस ही मन को मोह लेता है। नेपाल एक ऐसा देश है, जहां पूरे साल विश्वभर से पर्यटकों की आवा–जाही लगी रहती है। नेपाल की राजधानी और ऊंचे पहाड़ों की गोद में बसा इसका सबसे बड़ा शहर काठमांडू है।

वैसे तो नेपाल को मुख्य रूप से ट्रेकिंग और पर्वतारोहण गंतव्य के रूप में जाना जाता है; पर इसके शांत वातावरण में आस्था और उपासना की मंद–मंद अनुगूंज भी सर्वत्र सुनाई देती है। यहां वह सब कुछ है, जिसकी तमन्ना एक पर्यटक को होती है।

'देवताओं का घर' कहे जाने वाला नेपाल विविधताओं से भरा है। भौगोलिक विविधता की बातें करें तो यहां तराई के उष्ण कटिबंधों से लेकर ठण्डे हिमालय की लंबी श्रृंखला अवस्थित है। विश्व की सबसे ऊंची चौदह हिम–श्रृंखलाओं में से आठ, नेपाल में हैं; जिसमें संसार का सर्वोच्च शिखर **'सागरमाथा एवरेस्ट'** (नेपाल और चीन की सीमा पर) भी एक है।

घूमने की दृष्टि से तो पूरा नेपाल ही दर्शनीय है, पर यहां की सबसे खूबसूरत जगह है पोखरा, जिसके अन्दर ही बहुत सारे दर्शनीय स्थल हैं– जैसे फेवा झील, महेन्द्र गुफा, डेविस फॉल, गुप्तेश्वर महादेव गुफा, मनोकामना मंदिर, सारंगकोट सूर्योदय प्वायंट आदि। इसके अलावा नेपाल में कुछ अन्य आश्चर्यजनक स्थल हैं, जहां गए बिना आप रह नहीं सकते। इनमें कुछ महत्वपूर्ण हैं– रारा झील, खप्ताद राष्ट्रीय उद्यान, पंच पोखरी, घोर पानी पून हिल ट्रेक, चितवन राष्ट्रीय उद्यान, गोसाईकुंड झील, जनकपुर धाम, लुम्बिनी, मुक्तिनाथ, ककनी, गोसाई कुण्ड, धुलीखेल, रॉयल चितवन राष्ट्रीय उद्यान, चांगुनारायण मन्दिर, भक्तपुर दरबार स्क्वैयर, स्वर्ण द्वार, बोधनाथ स्तूप और विश्वप्रसिद्ध पशुपतिनाथ मन्दिर।

नेपाल में काठमांडू के बाद दूसरा सबसे बड़ा शहर पोखरा माना जाता है। नेपाल के मध्य में स्थित यह शहर अपने शांत वातावरण और अनूठे परिवेश के लिए अति प्रसिद्ध है। पोखरा में इसकी मुख्य प्रसिद्धि का कारण फेवा झील है, जिसकी चारों तरफ़ यह पूरा शहर घुमावदार बसा हुआ है। लेकसाइड की बात करें तो पोखरा में अनेक दुकानें, आकर्षक कैफ़े, रेस्टोरेंट और एक नौका विहार वंडरलैंड भी है। शहर के व्यापारिक केंद्र पुराने पोखरा में स्थित हैं, जो कई आश्चर्यजनक मध्ययुगीन मंदिरों का भी घर है।

एक किंवदंती के अनुसार पोखरा कभी 'देवताओं का बगीचा' था। ऐसा कहा जाता है कि देवी-देवताओं ने पोखरा का निर्माण इसलिए किया था, ताकि वे दिनभर काम के उपरांत सेवा झील में डुबकी लगाकर आराम कर सकें। वैसे देखा जाए तो पोखरा आराम करने वालों और रोमांच की चाह रखने वालों- दोनों के लिए सबसे पसंदीदा जगहों में एक है। यहां कई रोमांचक खेल हैं- पैराग्लाइडिंग, नौकायन और रिवररॉफ़्टिंग के अलावा पोखरा में ट्रैकिंग के पर्याप्त अवसर उपलब्ध होते हैं। दर्शनीय स्थलों की बात करें तो पोखरा का फेवा झील अपने आप में एक आकर्षण है। इसके अलावा यहां का शांति स्तूप, डेविस फॉल, गुप्तेश्वर महादेव गुफा, विंध्यवासिनी मंदिर, मनोकामना मंदिर, सारंगकोट आदि अनेक पर्यटक स्थल हैं, जहां वर्षभर पर्यटकों की भीड़ जमा रहती है।

पर्यटन केन्द्र होने के साथ-साथ पोखरा पश्चिमांचल विकास क्षेत्र का शिक्षा, स्वास्थ्य और व्यापार का केन्द्र भी है। पोखरा विश्वविद्यालय यहीं स्थित है। पश्चिम नेपाल का सबसे प्रसिद्ध कैम्पस पृथ्वीनारायण कैम्पस भी यहीं स्थित है।

पोखरा में आधुनिक संचार के साधनों जैसे- इमेल, इन्टरनेट, प्रीपेड, पोस्टपेड मोबाइल, लोकल एसटीडी, आइ.एस.डी फ़ोन सुविधा के साथ-साथ, रेडियो नेपाल का पश्चिमांचल प्रसारण केन्द्र, चार प्राइवेट एफ.एम रेडियो भी संचालित हैं।

पोखरा में एक डोमेस्टिक एयरपोर्ट है। अब इसे अन्तरराष्ट्रीय विमानस्थल बनाने का प्रयास हो रहा है। अभी यहां से काठमाण्डू भरतपुर तथा जोमसोम तक की उड़ान उपलब्ध है। पोखरा से दिल्ली तक की सीधी बस-सेवा भी उपलब्ध है।

नेपाल पहुंचने के बाद पोखरा मेरा पहला पड़ाव था। उसके लिए मेरे मित्र श्री विजय कोइराला अपने घर के निकट 'कलंकी बसस्टैंड' मुझे पहुंचा आये, जहां से मुझे एसी बस पोखरा ले जाने वाली थी। ये कलंकी मुख्य बस स्टैंड नहीं है, लेकिन यह शहर का आख़िरी स्टॉप है, जिसके बाद पहाड़ और घाटियां शुरू होती हैं। एक तरह से कहना चाहिए कि कलंकी काठमांडू का प्रवेशद्वार है। मैं भी बस में सवार हो गया, बस चल पड़ी और मैं रास्ते के मनोरम दृश्यों में खोता चला गया।

रास्ते में एक स्थान पर भोजन के लिए बस को रोका गया। संभवत उस स्थान का नाम धमोली था। आसपास इतना मनोरम दृश्य था कि यहां से हटने का मन ही नहीं कर रहा था। चारों ओर ऊंचे–ऊंचे पहाड़ और उसकी गोद में थिरकती–बलखाती नदी। यहां भोजन कर हम आगे बढ़े।

रास्ते में जगह–जगह पहाड़ से टूटकर गिरे हुए पत्थर दिखाई दिए। कई जगह सड़कों पर काम चल रहा था और यह सब दृश्य काठमांडू से लेकर पोखरा के रास्ते तक रुक–रुक कर हमें मिलते रहे। कई बार बस एक ही स्थान पर एक–एक घंटे तक रुकी रही और पोखरा तक की जो दूरी चार या पांच घंटे में पूरी करनी थी, उसे पूरी होने में 10 से 11 घंटे लग गए।

पोखरा पहुंचा तो शाम ढल रही थी। यहां विजय कोइराला जी ने इतनी अच्छी व्यवस्था कर रखी थी कि बस स्टैंड से होटल तक मुझे ले जाने के लिए वहां की कार आई और होटल 'ग्लोरी गार्डन' पहुंचने पर मेरा स्वागत उसके मालिक भरत जी ने किया।

वैसे तो लंबे सफ़र के बाद आराम करने की इच्छा हो रही थी, पर मुझे लगा कि अभी अंधेरा पूरी तरह से हुआ नहीं है तो थोड़ा आसपास झील का नज़ारा कर लिया जाए.... तो मैं झील की तरफ़ निकल गया और वहां के कुछ दृश्यों को अपने कैमरे में क़ैद कर लिया। अब शाम का अंधेरा बढ़ने लगा था। सड़कों पर बहुत कम लोग दिखाई दे रहे थे, हालांकि दुकानें सारी खुली थीं। मैं होटल वापस लौट आया और पूरी तरह आराम किया।

दूसरे दिन होटल से ही एसी बस द्वारा पोखरा घुमाने की व्यवस्था की गई थी। सुबह आठ बजे के आसपास मैं बस में सवार हो गया, जिसमें मेरे अलावा अन्य लोग भी थे, जो अलग–अलग स्थानों से आकर अलग–अलग होटलों में ठहरे थे। वह बस हमें दिनभर पोखरा और उसके आसपास के दर्शनीय स्थलों तक ले जाने वाली थी। बस चल पड़ी। हमारे साथ गाइड के तौर पर स्मिता थीं जो अपने अंदाज़ में क्या करना है और क्या नहीं करना, यह सब बताती जा रही थीं। उनके इस कठोर अनुशासन को हम भी मानने के लिए एक तरह से विवश थे। और स्मिता गाइड की निगरानी में हम पोखरा के दर्शनीय स्थलों का भ्रमण करने में तल्लीन हो गए। सबसे पहले हम पहुंचे **गुप्तेश्वर महादेव गुफा...**

गुप्तेश्वर महादेव गुफा

पोखरा में गुप्तेश्वर महादेव गुफा एक अलग तरह का पर्यटन स्थल है। इस गुफा को नेपाल की सबसे लंबी गुफा माना जाता है जिसकी लंबाई 2950 मीटर है। यह कहा जाता है कि इस गुफा की खोज सोलहवीं शताब्दी में हुई थी। किंवदन्तियों के अनुसार एक पुजारी ने एक विशाल गर्भ–जैसी गुफा में भगवान

शिव और उनकी पत्नी मां पार्वती की एक काली मूर्ति की खोज की थी, जिसमें एक नाग की रक्षा करते हुए एक ही आकृति में पुरुष और महिला दोनों रूपों में भगवान शिव और माता पार्वती की मूर्ति मानते हैं। गुप्तेश्वर महादेव की मुख्य गुफा में दो कक्ष हैं, जिनमें भगवान शिव, माता पार्वती, नागेश्वर और सरस्वती मां जैसे विभिन्न हिंदू देवी–देवताओं के मंदिर और मूर्तियां हैं। यहां नीचे उतरने के लिए सीढ़ियां बनी थीं। आसपास दुकानें सजी हुई थीं। टिकट काउंटर से टिकट ले हम भी नीचे सीढ़ियों  की तरफ़ चल पड़े। हमारा कैमरा आसपास और गुफा के दृश्यों को क़ैद करने में लगा हुआ था। नीचे तकरीबन 100 सीढ़ियां उतरकर हम गुफा के इस मुख्य प्रवेश द्वार तक पहुंचे। अंदर गुफा में काफ़ी सीलन थी और छत से पानी टपक रहा था। किसी तरह कैमरे को बचाते हुए मैं अंदर प्रवेश कर गया। यहां रौशनी तो थी, लेकिन वह रौशनी गुफा को आलोकित करने के लिए पर्याप्त नहीं थी।

वहां तस्वीर खींचने और वीडियो बनाने की मनाही थी। जहां तक संभव था वहां तक हमने कोशिश की कि कुछ छवियां उतर जाएं, कुछ दृश्य कैद कर लिये जायें, लेकिन मनाही थी इसलिए एक सीमा से परे जाकर मैं रुक गया। जितनी सीढ़ियां नीचे मैं उतरा था, वापसी में उतनी ही चढ़नी भी थी, जो अब कष्टसाध्य प्रतीत हो रहा था। फिर भी ठहर–ठहर कर सारी सीढ़ियां चढ़ मैं ऊपर आ गया।

सड़क की दूसरी तरफ़ 'डेविस फॉल' है ऐसा हमारी गाइड ने बताया था और चेतावनी दी थी कि डेविस फॉल देखकर सभी बस में आ जायें। इसके लिये आधे घंटे का समय मिला था हमलोगों को.... ख़ैर......

डेविस फॉल

हम सड़क पार कर डेविस फ़ॉल की ओर बढ़ चले। डेविस फॉल को हिंदी में अगर कहें तो 'देवी का झरना' कह सकते हैं। हालांकि कुछ लोग यह कहते हैं कि इस झरने का नाम डेविस नाम की एक स्विस महिला के नाम पर रखा गया, जिसके बारे में यह माना जाता है कि वह खेलते समय यहां पानी में डूब गई थी। फिर भी, किंवदन्तियां चाहे जो हों, पर यह झरना देखने लायक है। यह डेविस फॉल फेवा झील के बांध से पानी प्राप्त करता है इसलिये इसके आसपास के क्षेत्र में काफी हरियाली है। झरने में इस समय उतना पानी नहीं था। कहा जाता है कि यह झरना ज़मीन के नीचे एक सुरंग बनाता है, जो इसके आधार तक 500 फीट तक लगभग फैली हुई है। यह वह जगह है जहां 'पार्डी खोला धारा' नामक झरना इसमें समाहित हो जाता है। यही कारण है कि इस झरने को नेपाली में 'पाटले चांगो' के नाम से जाना जाता है, जिसका अर्थ होता है– 'भूमिगत झरना'।

शांति स्तूप

पोखरा का 'शांति स्तूप' भी काफी प्रसिद्ध है जो कि एक बौद्ध स्मारक है। इसका निर्माण निप्पॉनज़न–मायोहोजी भिक्षु मोरियोका सोनिन ने स्थानीय समर्थकों के साथ बौद्ध भिक्षु और निप्पॉनज़न–मायोहोजी के संस्थापक निचिदात्सु फूजी के

मार्गदर्शन में किया था। अनाडु पहाड़ी पर 1100 मीटर की ऊंचाई पर स्थित निचिदात्सु फूजी ने 12 सितंबर, 1973 को बुद्ध के अवशेषों के साथ इसकी आधारशिला रखी थी। यह दुनिया के 80 शांति स्तूपों में से एक है।

शांति स्तूप तक पहुंचने के अनेक रास्ते हैं। पैदल यात्रा के रास्ते, साइकिलिंग ट्रैक और पक्की सड़कें आपको शांति स्तूप तक ले जाती हैं। एक बार जब आप शीर्ष पर पहुंच जाते हैं, तो आपको वहां से अन्नपूर्णा पर्वत और फेवा झील के किनारे पोखरा शहर का मनोरम दृश्य देखने को मिलता है। इस स्थान की सुरम्यता और सुंदरता मनभावन है और स्मारक का शांत वातावरण शांति चाहने वालों के लिए अद्भुत है।

महेंद्र गुफा.....

महेंद्र गुफा पोखरा के उत्तर में स्थित, प्राकृतिक रूप से बने पर्यटन–स्थलों में से एक है। यह एक तरह से अंधेरी गुफा है, जिसमें स्टेलेक्टाइट्स और स्टेलेग्माइट्स की चट्टानें हैं। यह लंबी गुफा है जो आगे जाकर बंद हो जाती है। हालांकि लोग बताते हैं कि यह बंद नहीं है बल्कि इसके अंदर और भी कई गुफाएं हैं, लेकिन एक सीमा से आगे हम जा नहीं पाये। गुफा के अंदर रोशनी की व्यवस्था की गई है जिसमें स्टेलेग्माइट्स की चट्टानें ऐसे चमकती हैं मानो कोई फ़ानुश जल रहा हो। यह गुफा चूना–पत्थर से निर्मित है जो प्रकृति की एक दुर्लभ संरचना मानी जाती है। वर्षभर यहां पर्यटकों की भारी भीड़ जमा रहती है। इस गुफा के अंदर भगवान शिव की एक मूर्ति भी आपको दिखाई देगी, जो संभवतः बाद में वहां रखी गई होगी।

महेंद्र गुफा के बाद हम पहुंचे **सारंग कोट**.....

यह नेपाल के कास्की जिले में स्थित है। यह पोखरा के पश्चिमी किनारे पर 1600 मीटर की ऊंचाई पर स्थित एक ऐसा पॉइंट है, जहां से धौलागिरी और अन्नपूर्णा के मनोरम हिमालयी दृश्य देखने के लिए वर्षभर पर्यटक यहां आते रहते हैं ..... ख़ासतौर से सूर्योदय और सूर्यास्त की किरणें जब पर्वत के शिखरों पर पड़कर एक स्वर्णिम एहसास दिलाती हैं तो उसे देखने के लिए भारी संख्या में यहां भीड़ लगती है। इस शिखर से पोखरा शहर का भी एक विस्तृत–विहंगम दृश्य दिखाई देता है– फेवा झील से लेकर सुदूर उत्तर से दक्षिण तक। यहां एक व्यूटावर भी बना हुआ है जिसके ऊपर सीढ़ियों से जाया जा सकता है।

पोखरा का एक और दर्शनीय स्थल है **पुमदिकोट महादेव मंदिर।**

समुद्र तल से 1500 मीटर की ऊंचाई पर स्थित यह मंदिर नेपाल में कैलाश नाथ महादेव मंदिर के बाद शिव की दूसरी सबसे ऊंची मूर्ति है। यह गंडकी प्रांत के कास्की ज़िले में स्थित है। इस प्रतिमा की ऊंचाई 51 फिट है।

यह मूर्ति जिस शिला पर स्थित है, उसकी ऊंचाई 57 फिट है, जिससे इसकी पूरी संरचना 108 फीट ऊंची हो जाती है। मान्यता है कि भगवान शिव ने भस्मासुर से बचने के लिए अपने परिवार के साथ इसी जगह पर शरण ली थी। पौराणिक मान्यता यह भी है कि सिंदूर नाम के एक दैत्य ने माता पार्वती का हरण कर लिया था और इसी स्थान पर सिंदूर राक्षस और गणेश जी के बीच युद्ध हुआ था जिसमें सिंदूर का वध हुआ और उसके ख़ून से भगवान शिव का अभिषेक किया गया था। कहा जाता है कि इसके बाद से ही भगवान शिव को सिंदूर चढ़ाने की

परंपरा शुरू हुई। महाशिवरात्रि पर यहां भव्य मेला लगता है और लाखों पर्यटक इस मेले का हिस्सा बनते हैं।

वर्तमान समय में प्रतिमा और उसके आसपास कुछ काम चल रहा है, जिसमें एक स्मारक पार्क के निर्माण की योजना है ताकि इस स्थान को धार्मिक पर्यटन-स्थल के रूप में बढ़ावा मिल सके। यहां जाने के लिए सड़क की स्थिति बहुत अच्छी नहीं थी। पार्किंग भी बहुत सीमित और अव्यवस्थित थी और यहां के पथरीले रास्ते पर काफी चढ़ाई करनी पड़ती है।

पोखरा में यहां का **विंध्यवासिनी मंदिर** सबसे पुराने मंदिरों में से एक है। यह मंदिर देवी काली के अवतार को समर्पित है, जिन्हें पोखरा शहर का रक्षक माना जाता है। परिसर में मां सरस्वती, हनुमान जी, शंकर जी और भगवान गणेश को समर्पित कई छोटे-छोटे मंदिर हैं।

किंवदंतियों के अनुसार पोखरा का विंध्यवासिनी मंदिर सीधे तौर पर देखा जाए तो भारत के मिर्जापुर के विंध्याचल मंदिर से संबंधित है, क्योंकि ऐसा माना जाता है कि यह मंदिर भारत से ही लाकर यहां स्थापित किया गया था। विंध्यवासिनी मंदिर की वास्तुकला पैगोडा शैली की है जिसका रंग सफेद है। यहां बैठकर बहुत ही शांति का एहसास होता है।

नेपाल का **मनोकामना मंदिर** भी प्रसिद्ध और लोकप्रिय मंदिरों में से एक है जो गोरख गांव में स्थित है। इसकी वास्तुकला भी नेपाली पैगोडा शैली की है। इसमें चार शिखर हैं जो देश के सांस्कृतिक और आध्यात्मिक इतिहास के प्रतीक हैं। 17वीं सदी का यह मंदिर माता पार्वती के एक अवतार देवी भगवती को समर्पित है। यह माना जाता है कि यहां आकर भक्तों की सारी

इच्छाएं पूरी होती हैं। इस मंदिर तक पहुंचने का सबसे आसान तरीक़ा 'केबल कार' है। यह 10 मिनट की यात्रा त्रिशूली नदी के नयनाभिराम दृश्यों को देखते हुए लगभग 3 किलोमीटर की दूरी तय करती है।

इसके अलावा पोखरा को **फेवा झील** के कारण भी जाना जाता है। यह नेपाल में रारा झील के बाद गंडकी प्रांत की मीठे पानी की सबसे बड़ी झील है। फेवा झील 742 मीटर की ऊंचाई पर स्थित है और लगभग 5.7 वर्ग किलोमीटर के क्षेत्र को कवर करती है। इस झील की औसत गहराई लगभग 28 फीट और अधिकतम गहराई 79 फीट है। अगर आकाश साफ हो तो इस झील में अन्नपूर्णा और धौलागिरी पर्वतमाला सहित अन्य पर्वत की चोटियों के प्रतिबिंब भी दिखाई देते हैं।

माना जाता है कि फेवा झील का निर्माण लगभग 13000 ईसापूर्व में हुआ था। झील का उत्तरी किनारा एक पर्यटक ज़िले के रूप में विकसित हुआ है जिसे आमतौर पर 'लेक साइड' कहा जाता है। यहां पर्यटकों के लिए होटल, रेस्टोरेंट और बार हैं।

हम पूरे पोखरा का भ्रमण कर जब फेवा झील के पास पहुंचे तो शाम हो रही थी और वहां संध्या आरती की तैयारी चल रही थी। आयोजक अपनी उद्घोषणा में लोगों से इस आरती में भाग लेने की अपील कर रहे थे। कुछ परिवार और पर्यटक अभी भी नौकायन का आनंद लेने झील की तरह बढ़ रहे थे तो कुछ झील का आनंद उठाकर वापस किनारे की तरफ लौट रहे थे।

डूबता सूरज झील के जल में प्रतिबिंबित हो रहा था। शाम की स्याही धीरे–धीरे झील को अपने आगोश में ले रही थी और

दिन—भर के इस अद्भुत आनंद को लेकर मैं भी अपने होटल लौट रहा था।

देखा जाए तो पूरा पोखरा ही पर्वत—श्रृंखलाओं के बीच स्थित है जहां की सुबह मनमोहक और शामें रंगीन होती हैं। इसीलिए पर्यटक नेपाल आने के बाद पोखरा जाना नहीं भूलते।

मैं काठमांडू से पोखरा तक बस की लंबी, 10 घंटे की थकाऊ यात्रा करके पहुंचा था। अब फिर से उस यात्रा को दुहराने की कोई ख़्वाहिश नहीं थी। इसलिए मैंने पोखरा से काठमांडू तक की हवाई उड़ान का सहारा लिया और मात्र 30 मिनट में मैं काठमांडू की धरती पर था। बावजूद इसके अपने एक दिन के पोखरा—भ्रमण के हैंगओवर से मैं मुक्त नहीं हो पाया था।

•••

भग्न प्राचीरों के अंदर से झांकता इतिहास

गोलकोंडा क़िला

विरासतें स्मृति–चिह्न की तरह होती हैं कि बार–बार उनपर जमे धूलकणों को झाड़ना पड़ता है, वरना उनकी चमक धूमिल पड़ती जाती है और धीरे–धीरे उनकी संरचना का भी क्षय होने लगता है। हमारी संस्कृति के ऐसे अमिट चिह्नों में एक गोलकोंडा का क़िला भी है। जैसे ही हम इसके प्राचीरों और भग्नावशेषों से होकर गुज़रते हैं, यह हमें प्रत्यक्ष दिखने वाली चीज़ों से परे देखने और मानव–इतिहास की समृद्ध विरासत की सराहना करने के लिए मज़बूर कर देता है।

हैदराबाद से लगभग 11 किलोमीटर दूर, 16वीं शताब्दी में निर्मित गोलकोंडा क़िला देश के प्रसिद्ध क़िलों में से एक है जो केवल पत्थरों की एक ऐतिहासिक संरचना नहीं, बल्कि भारत के मध्यकालीन वैभव, युद्ध, संस्कृति और कला का जीता–जागता

दस्तावेज़ है। पूर्व गोलकोंडा साम्राज्य की राजधानी, यह क़िला कभी इस क्षेत्र में राज्यशक्ति का केंद्रबिन्दु था। यही कारण है कि इसे एक अभेद्य संरचना और दुर्ग के रूप में बनाया गया था। इसका प्रमाण आज भी इसकी मज़बूत दीवारों और क़िलेबंदी के रूप में मिलता है। 120 मीटर ऊंची पहाड़ी पर स्थित यह पूरा क़िला लगभग 7 किलोमीटर की परिधि में फैला है। इस क़िले से दुश्मन पर दूर से नज़र रखी जा सकती थी। क़िले की ऊंचाई से आप भी आसपास के क्षेत्रों के विहंगम दृश्य देख सकते हैं। तो चलिये, क़िले की ओर प्रस्थान करते हैं और अपनी विरासत के बारे में थोड़ा और विस्तार से आपको बताते हैं।

गोलकोंडा क़िला सड़क मार्ग से आसानी से पहुंचा जा सकता है। हैदराबाद के लिए उड़ान या ट्रेन पकड़ें और गोलकोंडा पहुंचने के लिए टैक्सी किराए पर ले लें। यहां घूमने का समय सुबह 9 बजे से शाम के साढ़े पांच बजे तक है। हमने भी टैक्सी ली और निकल पड़े गोलकोंडा की तरफ़....

बाहर से देखने से ही गोलकोंडा क़िले की वास्तुकला अनोखी लगी। अब के ये वीरान पड़े उद्यान कभी काफ़ी हरे–भरे और पानी के सुंदर फव्वारों से सुसज्जित रहे होंगे। गोलकोंडा क़िले की आज की वीरानी भी, आपको उसके भव्य, पुराने समय में ले जाती है, जहां पता चलता है कि यह क़िला कैसा हुआ करता था और इसका इतिहास कितना समृद्ध था।

गोलकोंडा– ‘गोल्ला’ और ‘कोंडा’ नामक दो तेलुगु शब्दों के समूह से बना है, जिसका अर्थ ‘चरवाहों की पहाड़ी’ होता है। एक किंवदन्ती के अनुसार आज जहां गोलकोंडा का क़िला खड़ा है, वहां एक चरवाहे को एक मूर्ति मिली थी। चरवाहे ने ये बात उस समय के काकतीय राजा को बताई। राजा ने इस स्थान

को पवित्र मान मिट्टी का क़िला बना दिया और इसे 'गोलकोंडा का क़िला' कहा जाने लगा।

प्रारंभ में ये क़िला काकतीयों के अधीन था, लेकिन ईस्वी सन् 1363 में इस पर बहमनियों ने अपना अधिकार स्थापित कर लिया। उनके पतन के बाद कुतुबशाही वंशज के संस्थापक सुलतान कुली ने 1518 में गोलकोंडा को अपनी राजधानी घोषित कर सन् 1543 तक इसपर शासन किया।

तत्पश्चात् जमशेद कुतुबशाह, इब्राहिम कुतुबशाह, मुहम्मद कुली कुतुबशाह, सुलतान मुहम्मद कुतुबशाह, अबदुल्ला कुतुबशाह और अबुल हसन तानाशाह ने– सन् 1687 तक शासन किया। वास्तव में, इस अंतिम शासक के काल में ही इस क़िले का चहुंमुखी विकास और विस्तार हुआ। इससे पूर्व मुहम्मद कुली कुतुबशाह, जिन्हें दक्खनी उर्दू के प्रणेता के रूप में भी जाना जाता है, उन्होंने तेलुगु साहित्य को भरपूर प्रोत्साहन दिया। इसके अलावा, उन्होंने ही हैदराबाद शहर की नींव डाली और चारमीनार का निर्माण कराया। इसी प्रकार अबुल हसन तानाशाह को कुचिपुड़ि नृत्य का आश्रयदाता माना जाता है।

ईस्वी सन् 1687 में औरंगज़ेब ने गोलकोंडा पर अधिकार कर उसे मुग़ल साम्राज्य में शामिल कर लिया और आसिफ़ ज़ाह को उसका अभीक्षक नियुक्त किया, जिसने 1718 में स्वयं को स्वतंत्र घोषित कर दिया। इन्हीं के उत्तराधिकारी या वारिस 'निज़ाम' कहलाये, जिन्होंने 1948 तक हैदराबाद पर शासन किया। अपने शासन–काल में हैदराबाद के निज़ाम इस क़िले को अपने दुश्मनों के लिए जेल के रूप में भी इस्तेमाल करने लगे थे।

वर्तमान समय में गोलकोंडा क़िले का वैभव नष्ट होकर एक खंडहर का रूप ले चुका है। बावजूद इसके, इसका पुराना गौरव और आकर्षण अभी भी बरकरार है जो यह दूर–दूर से पर्यटकों को आकर्षित करता रहता है।

यह क़िला देश की सबसे बड़ी मानव–निर्मित झीलों में से एक, हुसैन सागर झील से लगभग 9 किलोमीटर की दूरी पर स्थित है और इस क्षेत्र के सबसे संरक्षित स्मारकों में से एक है। ऐसा माना जाता है कि क़िले में एक रहस्यमय सुरंग भी है, जो क़िले के सबसे निचले भाग से होकर क़िले के बाहर निकलती है। ऐसा भी कहते हैं कि ये सुरंग आपातकालीन स्थिति में शाही परिवार के लोगों को सुरक्षित बाहर पहुंचाने के लिए बनाई गई थी, लेकिन अब तक इस सुरंग का कुछ ओर–छोर पता नहीं चल पाया है।

आपको जानकर आश्चर्य होगा कि गोलकोंडा क़िले के साथ अनेक रहस्यमय कहानियां भी जुड़ी हुई हैं। कहते हैं कि रानी तारामती और राजा को एक साथ दफ़नाया गया था। उसके बाद से रानी तारामती की आत्मा आज भी गोलकोंडा के क़िले में भटकती है। तभी से गोलकोंडा क़िले को 'भूतिया क़िला' कहा जाने लगा। लोग तो ये भी कहते हैं कि शाम के समय यहां

अजीबोगरीब घटनाएं होती रहती हैं। इन बातों में कितनी सच्चाई है, ये तो नहीं पता, पर अंधेरा होने पर अच्छा–ख़ासा घर भी डरावना लगने लगता है, फिर ये तो विशाल खंडहरनुमा क़िला है।

17वीं शताब्दी तक गोलकोंडा की पहचान हीरे के एक बड़े बाज़ार के तौर पर थी, जहां पूरी दुनिया के सर्वोत्तम हीरे मिलते थे। बेशक़ीमती कोहिनूर हीरा भी गोलकोंडा में ही मिला था। विश्वप्रसिद्ध हीरे दरिया–ए–नूर, नूर–उल–एन–हीरा, आशा का हीरा और रीजेंट डायमंड भारत के बाहर जाने से पहले गोलकोंडा के सुलतान के अधिकार में थे।

ध्वनि की विस्मयकारी गूंज

गोलकोंडा के इस क़िले में 8 दरवाज़े और 87 गढ़ हैं। फ़तेह दरवाज़ा इस क़िले का मुख्य द्वार है, जो 13 फ़ीट चौड़ा और 25 फ़ीट लंबा है। इस प्रवेशद्वार के पत्थरों पर तलवारों की रगड़, घोड़ों की टापों की गूंज और युद्ध के नगाड़ों की अनुगूंज आज भी कल्पनाओं में जीवित हो

उठती है। फ़तेह दरवाज़े के भीतर प्रवेश कर जब आप इस द्वार के ठीक नीचे खड़े होकर ताली बजाते हैं, तो वह गूंज क़िले के ऊपर स्थित 'बाला हिसार' तक सुनाई देती है– लगभग एक किलोमीटर दूर। यह व्यवस्था उस समय संदेश प्रसारण और सुरक्षा संकेत देने के लिए विकसित की गई थी। यह केवल

तकनीकी कौशल नहीं, बल्कि तत्कालीन स्थापत्य-कला की पराकाष्ठा का प्रतीक है।

सुरक्षा की दृष्टि से क़िले में सबसे शानदार इसका एकॉस्टिक सिस्टम है, कि प्रवेशद्वार पर की गई हल्की-सी आवाज़ भी पूरे परिसर में सुनाई देगी। इसमें कलदार पुल थे, जिन्हें हटाया जा सकता था तथा अनेक हॉल और अस्तबल भी थे। पर आज ये सब ढूंढ़े भी नहीं मिलेगा। कुछ वक़्त की धूल ने इसे मटमैला किया, तो कुछ आने वाले सैलानियों ने इसका रंग-रूप बिगाड़ने में कोई क़सर नहीं छोड़ी। इसलिये क़िले के कुछ हिस्सों को अब बंद रखा जाने लगा है।

इस क़िले की शानदार भव्यता का अंदाजा यहां के दरबार हॉल को देखकर लगाया जा सकता है जिसे हैदराबाद और सिकंदराबाद- दोनों शहरों को ध्यान में रखते हुए पहाड़ी की चोटी पर बनाया गया है। यहां पहुंचने के लिए लगभग 1000 सीढ़ियां चढ़नी पड़ती हैं।

गोलकोंडा क़िला अद्भुत इंजीनियरिंग का प्रमाण है। इसकी वास्तुकला इसके रचनाकारों की प्रतिभा को दर्शाती है। प्रत्येक वास्तुशिल्प में नवाचार दिखाई देता है। क़िले की वेंटिलेशन प्रणाली अपने समय से आगे थी, जो चिलचिलाती दक्कन की गर्मी में अंदरूनी हिस्सों को ठंडा रखती थी, पर अब वो भी सलामत नहीं रही। क़िले की घेराबंदी के दौरान निर्बाध जलापूर्ति को सुनिश्चित करने के लिए इसमें एक छिपी हुई पानी की पाइप लाइन भी बिछी है। गोलकोंडा क़िले के इस जल-तंत्र का 'रहबान' नाम था, जो अब कहीं दिखाई नहीं देता।

वास्तव में गोलकोंडा क़िला चार अलग—अलग क़िलों का समूह है, जिसकी बाहरी दीवार लगभग 8 किलोमीटर तक फैली हुई है। क़िले के सबसे ऊपरी भाग को 'बाला हिसार' कहते हैं, जहां से कई किलोमीटर दूर का विहंगम दृश्य दिखाई देता है। एक ऐसी ऊंचाई जहां से पूरे परिसर की निगरानी की जा सकती थी।

'बाला हिसार' तक पहुंचने का मार्ग जितना सुंदर है, उतना ही चुनौतीपूर्ण भी। घुमावदार रास्ते, कभी—कभी अंधेरे गलियारे और भारी पत्थरों के बीच से होते हुए यह चढ़ाई एक परीक्षण जैसी प्रतीत होती है। किन्तु जैसे—जैसे आप ऊपर बढ़ते हैं, नीचे फैलते हुए किले का दृश्य और आसपास के शहर का विस्तार, मन को विस्मित करता चलता है। यह दृश्य केवल भौगोलिक नहीं, ऐतिहासिक भी है— एक ऐसा क्षण जब आप स्वयं को समय की लहरों में बहता हुआ महसूस करते हैं।

रणनीतिक महत्त्व

'बाला हिसार' उस युग की सैन्य समझदारी और दूरदृष्टि का प्रतीक था। यहां से हर दिशा में नज़र डाली जा सकती थी। यहां चौकियां थीं, पत्थरों के बीच तोपें लगाई जाती थीं और संदेशवाहक इसी ऊंचाई से नीचे ताली की गूंज या प्रकाश—संकेत द्वारा सूचना प्रसारित करते थे। यह सैन्य—संरचना न केवल प्रभावशाली, बल्कि युगों से आगे की सोच को दर्शाती है।

'बाला हिसार' का शिखर कुतुबशाही सुल्तानों का निवास—स्थान भी था। कहा जाता है कि यहीं स्थित थे शाही महल, जलाशय और राजसभा। यद्यपि अब ये भवन खंडहरों में बदल चुके हैं,

लेकिन उनकी बनावट और योजना आज भी शिल्प की पराकाष्ठा दर्शाती है।

सूफ़ी प्रभाव और आध्यात्मिकता

गोलकोंडा के शासनकाल में सूफ़ी प्रभाव भी प्रबल था। क़िले के आसपास कई सूफ़ी संतों की दरगाहें थीं, जहां स्थानीय लोग श्रद्धा से जाते थे। इन स्थलों पर मेलों और उर्स का आयोजन होता था, जिसमें हिंदू–मुस्लिम सभी वर्गों के लोग भाग लेते थे। यह सांस्कृतिक सहअस्तित्व की उस समय की सबसे बड़ी विशेषता थी।

आज गोलकोंडा की मस्जिदें खंडहर अवस्था में हैं, परंतु उनमें अब भी उसी शांति और श्रद्धा का अनुभव होता है। पर्यटक जब इन मस्जिदों के स्तंभों से होकर गुजरते हैं, तो उन्हें महसूस होता है कि इन दीवारों ने न जाने कितनी प्रार्थनाओं की गूंजें सुनी हैं। ये मस्जिदें और इबादतगाहें न केवल धर्म का प्रतीक हैं, बल्कि वे एक ऐसे समय की याद दिलाती हैं जब सत्ता, श्रद्धा और समाज तीनों एक ही छत के नीचे सह–अस्तित्व में रहते थे। जब हम क़िले के शीर्ष पर पहुंचे तो एक 'काली मंदिर' दिखा, जो राज दरबार से भी दिखाई देता है।

गोलकोंडा क़िले में अस्लाहख़ाना, तारामती मस्जिद, इब्राहिम मस्जिद, रामदास बंदीगृह, करतल ध्वनि प्रांगण, भाव स्नानागार, सैनिकों के निवास–स्थान, नगीना बाग, अक्क्त्रा–मादत्रा का कार्यालय, दरबार हॉल, अंबारखाना और शिखर पर स्थित बारादरी प्रमुख हैं। गोलकोंडा क़िले की दीवारें सुरक्षा ही नहीं, शिल्प का अद्भुत नमूना भी थीं। इनमें प्रयुक्त ग्रेनाइट पत्थरों को अत्यंत सावधानी से तराशा और सजाया गया था। कुछ

दीवारों में धार्मिक प्रतीक, फूल—पत्तियों की आकृतियां और फ़ारसी लिपि में लिखे शिलालेख भी मिलते हैं।

किले की दीवारों के भीतर झांकने पर हमें जल संचयन की व्यवस्था, अनाज भंडारण की कोठरियां और सैनिकों के आवास के लिए विशेष खंड भी दिखाई देते हैं। हालांकि खंडहर में तबदील इस क़िले में इन इमारतों को अलग से पहचानना असंभव—सा है। यहां किसी गाइड के भी दीदार नहीं होते, जो थोड़ा—कुछ भी इसपर प्रकाश डाल पाते।

बदलते समय में, गोलकोंडा का क़िला एक ऐसे खंडहर में तबदील होता चला गया, जिसकी सम्पन्न विरासत इसके इन टूटे—फूटे मेहराबों के माध्यम से गूंजती है और इसकी ख़ामोश प्राचीरों से टकराकर इसी में जज़्ब हो जाती है। देखा जाये तो अपनी खोई शानो—शौक़त के बावजूद, शहरी कोलाहल के बीच खड़ा गोलकोंडा का क़िला आज भी इतिहास का एक प्रहरी बना हुआ है। इसके पत्थरों की चमक चाहे मंद पड़ गई है, पर वास्तुशिल्प का विन्यास पर्यटकों को चकित और विस्मित करता रहता है। शाम होते ही ढलते सूरज के साथ क़िले की छाया आसमान से उतरती प्रतीत होती है।

खनखनाती तलवारों और गरजती बंदूकों की गूंज अब सदियों पुरानी बात हो चुकी है, लेकिन तब की कहानियां और क़िरदार इसके खंडहरों में आज भी जीवित—से लगते हैं जो अपनी ख़ामोशी में भी, हमसे बातें करते प्रतीत होते हैं। जब कोई पर्यटक गोलकोंडा के क़िले से विदा लेता है, तो वह केवल एक ऐतिहासिक संरचना से नहीं, बल्कि एक ऐसे जीवंत अनुभव से निकलता है जो समय की सीमाओं को लांघ कर आत्मा को स्पर्श करता है। यह क़िला सिखाता है कि कैसे एक स्वप्न, एक

शासन, एक संस्कृति समय के थपेड़ों के बावजूद अपनी पहचान बनाए रख सकता है। यह हमें याद दिलाता है कि हर उत्थान के साथ एक पतन होता है, परंतु हर पतन के गर्भ में पुनर्जन्म भी छिपा होता है। गोलकोंडा एक भग्नावशेष नहीं, एक विचार है शक्ति का, सुंदरता का, शिल्प का और सबसे बढ़कर हमारी अनमोल धरोहर का। हम साक्षी होते हैं उस गौरवशाली विरासत के, जो आज भी धड़कती है इन पत्थरों के हृदय में।

गोलकोंडा क़िले की हमारी यात्रा वैसे तो यहां सम्पन्न हो जाती है, पर इस दौरान हम इसके जिस इतिहास और अद्भुत गाथा से होकर गुज़रते हैं वो निश्चय ही हमें एक मानवीय प्रतिभा और सांस्कृतिक विरासत से न सिर्फ़ रू—ब—रू कराती है, बल्कि आने वाली पीढ़ी के लिये इस क़िले के संरक्षण और अध्ययन की ओर भी ले जाती है, एक ऐसी सभ्यता की ओर, जो कभी इसके प्राचीरों के अन्दर फली—फूली और विकसित हुई थी।

...

प्राकृतिक छटा से भरपूर : बस्तर

वन, पहाड़, घाटियों, नदियों, प्रपातों और झरनों की अद्भुत प्राकृतिक छटा से भरपूर बस्तर के चप्पे-चप्पे में पर्यटकों, यायावरों और सैलानियों के लिए विशेष सौन्दर्य और आकर्षण बिखरा पड़ा है। मध्यप्रदेश के विभाजन के बाद बस्तर छत्तीसगढ़ राज्य के प्रमुख ज़िलों में से एक है, जिसका संभागीय मुख्यालय जगदलपुर है। यह मध्यप्रदेश, आंध्र, उड़ीसा तथा महाराष्ट्र की सीमाओं से घिरा है। इसका कुल 39660 वर्ग कि.मी. का क्षेत्रफल फिलिपिन्स, बेल्ज़ियम तथा केरल राज्य से भी बड़ा है।

बस्तर के दक्षिण-पश्चिम में अधिकतम 4000 फीट और न्यूनतम 2000 फीट ऊंची पर्वत-श्रृंखलाओं का क्षेत्र 'अबूझमाड़' के नाम से प्रसिद्ध है। इस क्षेत्र के लोग 'माड़िया' कहलाते हैं। इस क्षेत्र में जाने से आपको आदिम सौन्दर्य के दर्शन हो सकते हैं। विकास की रौशनी अब इस क्षेत्र में धीरे-धीरे पहुंचनी शुरु हो गई है, किन्तु यहां की आदिम परंपरा अभी भी क़ायम है। बस्तर

अपने 'घोटुल' के लिए विश्वप्रसिद्ध है, जो आदिवासी समाज का वह पवित्र स्थल है, जहां युवक–युवतियां अपने को अभिव्यक्त करते हैं। हालांकि अब यह स्थल सामाजिक–सांस्कृतिक कार्यों के लिए अधिक प्रयोग में लाया जा रहा है।

जगदलपुर पहुंचना मेरी सोच से अधिक दुरूह प्रतीत हुआ, जब केसकाल की घूम–घुमावदार घाटियों से होकर हमारी बस चली जा रही थी और उस अंधेरी रात में, जहां नियमित यात्रा करने वाले ऊंघ या सो रहे थे, मैं आंखें फाड़े, बस की खिड़की के पार 'साल' और 'तेंदु' के गहन जंगलों में अपने अधूरे सपनों की दिशा तय करता चला जा रहा था। वो सपना था, एक बार बस्तर को निकट से देखने का, जानने का, अनुभव करने का। नियति ने मुझे ये अवसर इस तरह से दिया कि मेरे अनुरोध पर आकाशवाणी, सागर से मेरा स्थानान्तरण जगदलपुर हो गया था। मैंने वहां जाने की इच्छा इसलिए जताई थी कि बस्तर मेरे सपनों में था, मेरे दिल में था।.... और अब वो सपना पूरा होने जा रहा था।

जगदलपुर पहुंचने के लिये सबसे सुगम, रायपुर से सड़क–मार्ग है। रायपुर से जगदलपुर की दूरी लगभग 300 किलोमीटर है और सबसे अच्छी बात ये है कि वहां जाने के लिये हर दो घंटे पर बस–सेवा उपलब्ध है। हालांकि आज दिल्ली से, या फिर रायपुर और हैदराबाद से सीधी विमानसेवा हो गई है, जिसका उपयोग भी किया जा सकता है।

आज का जगदलपुर छत्तीसगढ़ राज्य के बस्तर ज़िले का ज़िला मुख्यालय है। पहले ये मध्यप्रदेश राज्य के अन्तर्गत आता था। कहा जाता है कि जगदलपुर को पांडवों के वंशज, काकतिया राजा ने बसाया था और अपनी अंतिम राजधानी बनाया था।

पूर्व में इसका नाम 'जगतुगुड़ा' था जो धीरे–धीरे परिवर्तित होकर 'जगदलपुर' हो गया।

बस की खिड़की से नज़रें टिकाये, उस अंधेरे में, मैं बस की हेडलाइट में तेज़ी से भागती, पीछे छूटती दरख़्तों की परछाइयों को निहारता रहा और बस की रुकने वाली जगहों को ज़ेहन में उतारने की कोशिश करता रहा– धमतरी, कांकेर, केसकाल, फरसगांव, कोंडागांव, बस्तर– और फिर जगदलपुर।

बस्तर के आदिवासी समाज के लोग सरल हैं, सीधे हैं; मगर स्वाभिमानी भी हैं। अतिथियों का आदर–सत्कार करना इनके लोक–संस्कारों का हिस्सा है और ये बात सिद्ध होती गई, जैसे–जैसे मुझे इस समाज को निकट से देखने का अवसर मिलता गया।

बस्तर के आदिवासी समाज में मातृ–सत्तात्मक व्यवस्था है, यानि वहां औरतें सारे फ़ैसले लेती हैं, घर–गृहस्थी के सारे काम भी औरतें करती हैं और इनके पुरुष प्रायः दिन में 'सल्फी' या 'महुआ' पी कर कहीं पड़े होते हैं। इसलिये दोपहर के वक़्त टूटी–फूटी झोपड़ियों वाले ये गांव प्रायः सुनसान पड़े होते हैं। कहीं–कहीं ढूहों पर या गड्ढों में अपने पिल्लों–संग लेटे हुए सूअर और कुत्ते दिखाई दे जाते हैं, और कहीं वस्त्रहीन, धूल–सनी छोटी उम्र की लड़कियां।

'घोटुल' गांव के बीच में होता है। इसके बारे में मैंने क़िस्सों–कहानियों में काफ़ी–कुछ पढ़ा था, पर उसे इतने निकट से देख पाऊंगा, ये कभी नहीं सोचा था। घोटुल विशेषकर 'माड़िया' जनजाति का आश्रय–स्थल होते हैं। घोटुल की दीवारें मिट्टी और गोबर से अच्छी तरह लीपी हुई रहती हैं जिनपर

अनगढ़ हाथों से रंग–बिरंगे बेल–बूटे, हाथी–घोड़े और फूल–पत्ते उकेरे गये होते हैं। दीवारों के कई खंड होते हैं; बल्कि कहना चाहिये कि छोटे–छोटे कमरे होते हैं, जिनके ऊपर का फूस का छाजन दूर से देखने में काफ़ी कलात्मक प्रतीत होता है। इसके ठीक बीचोबीच एक 'मड़ई' होती है, जिसके एक छोर पर लकड़ी के खंभे के सहारे 'मांदर' टंगा होता है। दिन में मरघट–सदृश दिखने वाला ये 'घोटुल' शाम का अंधेरा फैलते–फैलते गुलज़ार होने लगता। किशोर युवक–युवतियां न जाने किन कोनों से एक–एक कर प्रकट होने लगते। युवतियां मंद हंसी के साथ इधर से उधर भागतीं और उनके पांव की छागल रुनझुन करती हुई कानों में छनक–छनक जाती।

दरअसल ये घोटुल अविवाहित युवक–युवतियों के आनन्दोत्सवों के लिये उन्मुक्तता का स्थान है। इसमें वे रात्रि–शयन करते हैं। इस वातावरण में उन्हें मस्ती के साथ, पर्याप्त स्वतंत्रता मिलती है। घोटुल के लड़कों को 'चेलिक' और लड़कियों को 'मुटियारी' कहा जाता है। जबतक युवक–युवतियों का विवाह नहीं हो जाता, उन्हें रात्रि–विश्राम घोटुल में करना होता है; पर विवाह संपन्न हो जाने के बाद उनका घोटुल जाना प्रतिबंधित हो जाता है। घोटुल के नियम बड़े कठोर होते हैं और इनकी अवहेलना करने पर कठोर शारीरिक और आर्थिक दंड तो मिलता ही है; घोटुल से निष्कासित तक कर देने की सज़ा इसमें शामिल है। जैसे घोटुल जाने वाली युवती के जूड़े में अनेक कंघियां लगी होती हैं। कंघी को 'रांग–पनिया' कहा जाता है। अगर उसके जूड़े से एक भी 'रांग–पनिया' कम हुई तो उसे सज़ा मिलती है।

गांव में किसी के यहां अतिथि आने पर उसका स्वागत् घोटुल में करने का रिवाज़ है। ये युवक–युवतियां ही मेहमान को लेकर

आते हैं और वो जबतक नहीं आता तबतक कोई पानी नहीं पीता; और यदि वे मेहमान को ले आने में सफल नहीं होते तो उन्हें दंड मिलता है।

इसके अलावा घोटुल का एक और लोकाचार है कि वहां आने वाले प्रत्येक सदस्य को वहां जलती अंगीठी में डालने के लिये लकड़ी लेकर आना होगा और जो ऐसा नहीं करेगा, उसे दंड मिलेगा। घोटुल में ही युवतियां अपना मंगेतर चुनती हैं। इसके लिये रस्म है कि युवती वहां उपस्थित युवकों को तम्बाकू बांटती है और वो जिसे तम्बाकू नहीं देती, वही उसका मंगेतर माना जाता है। चूंकि आदिवासी समाज में मातृ–सत्तात्मक परिवार है, इसलिये विवाह के बाद लड़के को लड़की के यहां रहना पड़ता है। ऐसे युवक को 'लमसेना' कहा जाता है।

माड़िया लोगों का अपना धार्मिक संसार है, जो काफ़ी व्यापक है। इसमें अलग–अलग जीवन–प्रबंधन के सूत्र मिलते हैं। इसके साथ ही इनके उद्देश्यों की पूर्ति के लिये अनेक देवी–देवताओं का अस्तित्व है। इसलिये गांव में इनके एकाधिक पूजा–स्थल मिल जाते हैं।

इनकी मान्यताओं के अनुसार इनके समाज में प्रचलित नृत्य–गीत–संगीत और वाद्य–यंत्रों की उत्पत्ति भी धर्म से जुड़ी हुई है। उनका मानना है कि उनके 'घोटुल' को लिंगापोने देव ने ही सर्वप्रथम गढ़ा, नाना प्रकार के वाद्यों का निर्माण किया, उनपर संगीत की रचनायें कीं और उन्होंने ही घोटुल में युवक–युवतियों के साथ नाच–गाकर नृत्य–प्रारूपों को रचा था। माड़िया लोग मानते हैं कि लिंगापोने देव आज भी घोटुलों में वहां के वाद्यों और स्वर–लहरियों की तान पर आनंदित हो

नाचते–गाते रहते हैं। लिंगापोने देव को एक निश्चित समयावधि में एक उत्सव द्वारा पुनर्जीवित किया जाता है।

दरअसल घोटुल के ये नियम एक विवशता की उपज कहे जा सकते हैं। मनीष राय की कहानी 'शिलान्यास' का नायक कहता भी है– "घोटुल हमारी मजबूरी है। एक कमरे की झोपड़ी में मां–बाप के सामने जवान बच्चे रात कैसे गुज़ार सकते हैं। फिर मां–बाप को भी तो पर्दा चाहिये। हमारे बुजुर्गों ने उसका हल निकाला घोटुल के रूप में।"

गांव में प्रवेश करते ही हम सीधे घोटुल पहुंचते। वहीं मांदल टंगा होता जिसे हममें से कोई भी उतारकर ज़ोर–ज़ोर से थाप देता। ये काम ज़्यादातर प्रताप जी करते, क्योंकि सबसे लंबे–तगड़े वही थे। विचित्र बात थी कि मांदल की 'ढम...ढम' से गांव का सूनापन कुछ टूटता दिखाई देता, क्योंकि पता नहीं किन पेड़ों या झोपड़ी के पीछे से निकलकर एक–दो आदमी या स्त्री आते दिखाई देते। उनसे बोलकर मुखिया को बुलवाया जाता, फिर आगे का कार्यक्रम शुरू होता– कार्यक्रम, यानी हमारे बिना कुछ बोले एक आदमी दो कड़कनाथ ले आता, कोई चावल ले आता और स्त्रियां गायन और नृत्य के लिये कलाकारों को इकट्ठा करने निकल पड़तीं।

धीरे–धीरे साल के घने जंगलों के बीच से एक–दो युवतियां गांव की सर्पीली, धूल–खाई पगडंडी से घोटुल की ओर आती दिखाई देतीं। निकट आने पर उंगली में पहनी उनकी गिलट की मुंदरी चमक उठती; कानों में होते गिलट के खिलवां, गले में मूंगों और कौड़ियों की मालायें और बालों में 'रांग–पनियां'। किसी–किसी ने धोती घुटनों के ऊपर बांधी होती, जहां से ऊपर

तक 'गुदने' के निशान साफ़ नज़र आते। इनकी मान्यता है कि बिना गुदने वाली स्त्री नर्क भोगती है।

इसके बाद युवक–युवतियों का आना शुरू हो जाता। युवक प्रायः अपने सिरों पर साफ़ा की तरह पगड़ी धारण किये रहते; आंखों में काजल की लकीरों के साथ, खुमारी के लक्षण भी दिखाई देते, जो संभवतः महुआ या सल्फी के सेवन की वजह से होता।

तबतक अंधेरा पसरना शुरू हो जाता और घोटुल के अहाते के पास, जिसे वो लोग 'बांदरा' कहते हैं– एक जलती मशाल लाकर खोंस दी जाती। इधर दो घड़ा भर के 'सल्फी' और 'महुआ' ला कर रख दी जाती और दो युवतियां मेहमानों के सामने गिलास में वो पेय परोसने लगतीं।

इसके बाद बलवीर और स्कॉट रिकॉर्डिंग में लग जाते और बाक़ी लोग जंगल के उस जादुई तिलिस्म में डूबने–उतराने लगते, जिसमें समूह बनाकर युवक–युवतियां एक–दूसरे की कमर में हाथ डालते और लहरों के समान हिलकोरे खाते हुए नाचते और गाते। जब रिकॉर्डिंग समाप्त हो जाती तो हर बार की तरह ज़मीन पर चादर बिछती, तेंदु पत्ते के 'दोनो' में 'महुआ' डाली जाती और खाना परोसा जाता। फिर जब हम मस्ती में खा–पीकर वहां से निकलते तो सालवनों की ताज़ा हवा के साथ घुली–मिली महुआ की मादक खुशबू से भरी बयार भी हमारे संग–साथ हो लेती।

पर आज नारायणपुर, सुकमा, दंतेवाड़ा और अबूझमाड़ का पूरा इलाक़ा उग्रवाद की चपेट में है; और इन्हीं इलाक़ों में ज़्यादातर घोटुल भी हैं। अब तो अधिकांश घोटुल उजड़ गये हैं, उसमें

या तो आदिवासी स्कूल चल रहे हैं या उन्हें 'थाना-गुड़ी'-यानी अतिथि-गृह बना दिया गया है।

इस प्रकार हम प्रायः सुदूर गांवों में जाते और नये-नये अनुभवों से समृद्ध हो लौटते- समृद्ध से अधिक, मस्त होकर। इसका पूरा श्रेय ख़ान साहब को जाता है, क्योंकि इस सबके लिये उनका दिल बहुत खुला हुआ था, वे इन मामलों में पूरी आज़ादी देते थे। हां, वो ये ज़रूर कहते, ''आप आनन्द करो, लेकिन खुद पर नियंत्रण रखो। कोई ऐसा काम नहीं करो, जिससे केन्द्र की इज़्ज़त पर आंच आये।'' हमलोग भी इस बात का पूरा ख़याल रखते थे, पर कभी-कभी हमारे कोई साथी सीमा का उल्लंघन कर बैठते थे। तब उन्हें ख़ान साहब अपनी टीम से अलग कर देते और उसे दुबारा अपने साथ नहीं ले जाते थे।

असल में वे अत्यंत सहज थे। केन्द्र निदेशक होने का कोई अहंकार उनमें था नहीं। वे अपने कमरे में भी कम बैठते थे। अक्सर हमलोगों के पास चले आते थे। कभी मेरे पास आकर कहते, ''चलो, बाहर चाय पीते हैं।'' और बड़ी बेतकल्लुफ़ी से मेरे कंधे पर हाथ रख चल देते। मुझे उनका ये अंदाज़ बहुत पसंद था। इसलिये बस्तर घूमने का सही आनन्द उन्हीं के साथ आया।

कई बार तो हम ऐसे समय गये जब गांव में मेला लगा हुआ था। मेला भारतीय संस्कृति से जुड़ा एक गत्यात्मक चित्र है, जो ग्रामांचल की मनोभूमि में अत्यंत तल्लीनता और रागात्मक पूर्णता के साथ बसा हुआ है। बस्तर के आदिवासी अंचल में लगने वाली 'मंड़ई', मेले का ही एक रूप है। ख़ाली मैदान में छोटी-छोटी दुकानें सज जाती हैं। आसपास के गांवों के लोग भी इस मड़ई में ख़रीदारी के लिये आते हैं।

दरअसल बस्तर के पर्वों और जगारों के संपन्न होने के साथ ही मेले–मड़इयों की श्रृंखला शुरू हो जाती है, जो जनवरी में कांकेर मेला से प्रारंभ होकर, बीजापुर के कोदाई माता मेला, पखांजूर के नरनारायण मेला, चारामा मेला, सुकमा के रामाराम मेला, नारायणपुर मेला, भानुप्रतापपुर मेला, बस्तर की मंड़ई, घोटपाल मंड़ई, दंतेवाड़ा का फागुन मेला और आगे चलकर बस्तर के विश्वविख्यात् दशहरा मेला तक जाती है।

इसी बीच में बस्तर के तमाम पर्व आते हैं। चैत्र मास में माटी तिहार के साथ बीज पूटनी, बाटछेंकनी, पदरचेगनी; सावन में अमौस, जिसे 'हरेली' भी कहा जाता है; भादो में नुआखानी; पूस में दियारी और उसके बाद जगारों का सिलसिला प्रारंभ हो जाता है। इस समाज के प्रेमी–प्रेमिकाओं के मिलन–स्थलों में से एक, ये मड़ई भी है।

दरअसल जैसे–जैसे मैं जगदलपुर के जंगलों, वहां के रहवासियों, वहां की परम्पराओं, वहां की लोक–संस्कृति, वहां के गीत–संगीत, वहां के मेले–मड़ई, त्यौहारों–लोकाचारों की नयी–नयी भावभूमियों का अध्ययन, अन्वेषण और पर्यवेक्षण कर रहा था; मुझे लग रहा था, मैं जगदलपुर की धमनियों में प्रवेश कर रहा हूं।

जगदलपुर की भौगोलिक स्थिति की बात करें तो इसकी सीमायें तीन राज्यों– उड़ीसा, महाराष्ट्र तथा आन्ध्रप्रदेश से मिलती हैं। यहां की प्रमुख नदी इन्द्रावती है, जिसकी जलधारा दो बहुत सुन्दर जल–प्रपातों– चित्रकोट तथा तीरथगढ़ का निर्माण करती है। पहले ये मध्यप्रदेश राज्य का अंग था जो 1 नवंबर, 2000 को छत्तीसगढ़ राज्य के निर्माण के साथ इसका एक ज़िला बन गया।

यहां की अर्थव्यवस्था का प्रमुख आधार कृषि और वनोपज–संग्रहण है। यहां प्रमुख रूप से धान, मक्का के साथ, गेंहू ज्वार, कोदो, कुटकी, तूअर, चना, तिल तथा सरसों का उत्पादन होता है। इसके अलावा पशुपालन, मत्स्यपालन और कुक्कुटपालन भी यहां की अर्थव्यवस्था का मुख्य आधार है। इसी प्रकार वनोपज–संग्रहण में तेंदु पत्ता, लाख, साल बीज, तसर, इमली आदि का संग्रहण किया जाता है।

बस्तर में कभी 36 बोलियां थीं, जो लगभग 20 जनजातियों में बोली जाती थीं; पर अब गोंडी, हल्बी, भतरी, धुरवी, दोरली, परजी, माड़ी–जैसी गिनी–चुनी बोलियां ही शेष रह गई हैं। इनमें भी तीन बोलियों– गोंडी, हल्बी और भतरी का अस्तित्व ही प्रमुख रूप से बचा रह गया है। इनमें गोंडी सबसे बड़े भूभाग में बोली जाती है, जबकि हल्बी एक प्रकार से संपर्क भाषा है। भतरी, जगदलपुर और सीमावर्ती ओडिसा क्षेत्र में बोली जाती है। इनमें भतरी का साहित्य सबसे समृद्ध है, जिसमें 'भतरी नाट' और 'जालीआना' प्रमुख हैं; हालांकि हल्बी में भी महाकाव्यों की रचना हुई है, जो अब तक श्रुति–परम्परा में है; जैसे, 'तीजा जगार', 'बाली जगार', 'आठे जगार'। इसे लिपिबद्ध करने के प्रयास चल रहे हैं। इस काम में मित्र श्री हरिहर वैष्णव प्राणपण से जुटे रहे और उनके प्रयास सराहे भी गये।

जगदलपुर को प्रकृति का अनुपम वरदान मिला हुआ है। चित्रकोट, तीरथगढ़, चित्रधारा, कांगेरधारा, महादेवघूमर, चर्रे–मर्रे, खुसेल, मलाजकुंडम जैसे ज्ञात एवं हांदाबाड़ा, पुलपाड़, बोगतुम आदि अल्पज्ञात जल–प्रपात प्रकृति ने दिल खोलकर बस्तर को दिया है।

इस शहर के आसपास लगभग 40 किलोमीटर की दूरी पर चित्रकोट और तीरथगढ़ जल–प्रपात हैं, जो अपने नयनाभिराम दृश्यों से मन को मोहित कर लेते हैं। चित्रकोट में इन्द्रावती नदी की धारा जब 90 फ़ीट की ऊंचाई से नीचे गिरती है तो एक ऐसे विकराल स्वरूप का अनुभव कराती है, जो जितना आनन्दित करता है, उतना ही आतंकित भी।

तीरथगढ़ 'कांगेर घाटी राष्ट्रीय उद्यान' में स्थित है, जो जगदलपुर से लगभग 35 किलोमीटर दूरी पर स्थित है। ये भारत के सबसे ऊंचे झरनों में से एक है, जिसकी ऊंचाई लगभग 300 फ़ीट है।

ये प्रपात कांगेर नदी का है, जिसका जल विभिन्न भूभागों में घूमते हुए, अलग–अलग कई अन्य प्रपातों का निर्माण करता है।

ये दोनों प्रपात बस्तर की शान हैं। इन प्रपातों के रूप–सौन्दर्य की यदि बात करें तो ये मानना पड़ेगा कि दोनों एक–दूसरे से बिल्कुल अलहदा हैं। चित्रकोट जहां पानी के हाहाकारी स्वर के साथ अपना विकराल, रौद्र रूप प्रकट करता है, वहीं तीरथगढ़ हौले–हौले, मद्धिम स्वर में आपके साथ चलता हुआ, अपनी बात आपके कानों में कहता–सा लगता है। आप तीरथगढ़ से हाथ मिला सकते हैं, उससे गलबहियां कर सकते हैं, पर चित्रकोट को आप छूने की हिम्मत नहीं कर सकते, इसे दूर से निहार कर ही आनन्दित हो सकते हैं। तीरथगढ़ आपका सहचर, आपका मित्र प्रतीत होता है; पर चित्रकोट किसी क्रोधी ऋषि की भांति दिखाई देता है, यदि उसे अप्रसन्न किया तो वो आपको श्राप

दे सकता है। तीरथगढ़ में जल–प्रपात के बिल्कुल नीचे तक आप जा सकते हैं, पर चित्रकोट में ऐसा करना ख़तरे से ख़ाली नहीं।

इन प्रपातों के अतिरिक्त यहां कई अनोखी और अद्भुत गुफायें हैं, जिनका निर्माण लाखों–करोड़ों साल पहले हुआ बताया जाता है। उनमें 'कुटुमसर', 'कैलाश', 'दंडक' तथा 'अरण्य' गुफाएं अपनी अद्भुत संरचनाओं के कारण सबका ध्यान आकर्षित करती हैं। इनके अलावा यहां देवगिरी और सकलनारायण नाम की गुफाओं का अस्तित्व भी सामने आ चुका है; पर कहते हैं अभी भी अनेक गुफायें हैं, जिनकी खोज होना बाक़ी है।

बस्तर के अन्य प्रमुख दर्शनीय स्थल

बस्तर पर्यटन की दृष्टि से अत्यंत समृद्ध है। सघन और समृद्ध वन, राष्ट्रीय उद्यान एवं अभयारण्य, रमणीक पहाड़ियां, अद्भुत भूमिगत गुफायें, सुन्दर जलप्रपात, नदियां और वनवासियों की अछूती जीवन–शैली, बस्तर की समृद्ध सांस्कृतिक विरासत की पहचान है।

कांगेर घाटी राष्ट्रीय उद्यान– ज़िला मुख्यालय जगदलपुर से दक्षिण–पूर्व में, कोंटा मार्ग के बाइसवें किलोमीटर से उद्यान की सीमा प्रारंभ होती है, जिसका कुल क्षेत्रफल 200 वर्ग कि.मी. है। मिश्रित प्रजातियों वाले साल–बांस तथा सागौन के घने वन और पहाड़ियों के नयनाभिराम दृश्य, विश्वप्रसिद्ध दण्डक, कैलाश तथा कोटुमसर गुफा, तीरथगढ़ और चित्रकोट जलप्रपात और कोलाब–कांगेर संगम सहित 28 कि.मी. लम्बा एशिया का प्रथम घोषित जीवमंडल (बॉयोस्फियर) अपने अछूते सौन्दर्य से पर्यटकों का मन बरबस मोह लेता है।

कोटुमसर गुफा

बस्तर आदिम संरचनाओं का प्रतीक है। बस्तर में एक ओर जहां गहन वन–प्रांतर हैं तो दूसरी ओर मनमोहक स्वप्न झरे जलप्रपात; लेकिन इन सबके बीच अद्भुत गुफाओं का अस्तित्व भी है जिसके बारे में कहते हैं कि इसकी भीतरी संरचना का निर्माण लाखों–करोड़ों साल पहले हुआ होगा। ऐसी कुछ गुफाओं में सबसे प्राचीन और अनोखी गुफा है कुटुमसर, जो कांगेर घाटी राष्ट्रीय उद्यान में स्थित है। ये बस्तर के ज़िला मुख्यालय जगदलपुर से मात्र 35 किलोमीटर की दूरी पर  स्थित है। इस गुफा की तुलना अमेरिका–स्थित विश्व की सबसे लम्बी भूमिगत गुफा **'कार्ल्सवार ऑव केव'** से की जाती है। इसकी ज्ञात लम्बाई 4500 फीट तथा धरातल से मुहाने तक के छोर की न्यूनतम गहराई 60 से 215 फीट तक है। गुफा का तापमान 47 डिग्री सेल्शियस तक रहता है। तो चलिए कुटुमसर गुफा को निकट से देखते हैं।

हमने जगदलपुर से भाड़े की टैक्सी ली और चल पड़े कांगेर घाटी राष्ट्रीय उद्यान की ओर। घने जंगलों के बीच से होकर ये रास्ता हमें सीधे कुटुमसर गुफा तक पहुंचाएगा। लगभग पचास मिनटों में हम पहुंच गए कांगेर घाटी राष्ट्रीय उद्यान। यहां मेन गेट के भीतर बाहर की कोई गाड़ी नहीं जा सकती। अन्दर गुफा के द्वार तक पहुंचने के लिए राष्ट्रीय उद्यान की

जीपें होती हैं, जो हमें वहां तक ले जाती हैं। हम भी एक जीप में सवार हुए और पहुंच गये गुफा के मुख्य द्वार तक।

मुख्य द्वार से नीचे गुफा में प्रवेश के लिए बहुत संकरा मार्ग है, जहां घुमावदार लोहे की सीढ़ी बनी है और उससे एक बार में सिर्फ़ एक ही व्यक्ति नीचे उतर सकता है। मैं बता दूं कि यह भारत की सबसे गहरी गुफा मानी जाती है जो 60 से 120 फीट गहरी है, जबकि इसकी ज्ञात लंबाई लगभग 45 फीट है।

तो चलिए, और अंदर चलते हैं.... इस गुफा की खोज पचास के दशक में भूगोल के प्रोफेसर डॉ शंकर तिवारी ने की थी जिसे पहले 'गोपालसर' कहा जाता था; लेकिन कुटुमसर गांव निकट होने के चलते बाद में इसका नाम 'कुटुमसर' पड़ गया।

आइए और अंदर चलते हैं। यहां बहुत अंधेरा है। हमारे साथ चल रहे गाइड श्री मंगतूराम नाग के हाथ में टॉर्च है जिसकी रोशनी में गुफा का कुछ–कुछ भाग हम देख पा रहे थे, पर वो रोशनी इतनी नहीं थी कि अच्छे से फ़ोटोग्राफ़ी की जा सके। मेरे साथ मेरा डीएसएलआर कैमरा था, पर रोशनी के अभाव में वीडियो कर पाना संभव नहीं, इसलिए मैंने फोटो खींचने का निर्णय लिया। पर थोड़ा–बहुत वीडियो तो करना बनता ही था, चाहे जैसा भी बने, टॉर्च की रोशनी में ही सही।

इसके बाद कैमरे का फ़्लैश मैंने ऑन कर दिया, लेकिन लाइट नहीं होने के चलते कैमरे को ऑपरेट करना संभव नहीं हो पा रहा था। बस अंदाज़ से ही शटर दबाता जा रहा था। इस पुस्तक में जो तस्वीरें आप देख रहे हैं, उसे मैंने रॉ फ़ॉर्मेट में शूट किया था, जिसे बाद में प्रॉसेस करने के बाद ये परिणाम आए।

अध्ययन बताते हैं कि करोड़ों वर्षों पूर्व ऐतिहासिक काल में संभवत यहां मनुष्यों का वास था। इस गुफा की आंतरिक संरचना में चूना पत्थर के रिसाव और पानी और कार्बन डाइऑक्साइड की रासायनिक क्रिया से उसकी सतह से लेकर छत तक बनी लैक्टोमैग्नाइट पर जब रोशनी पड़ती है तो लगता है जैसे छत से लटकते हजारों फ़ानुश एक–साथ जल उठे हों। वैज्ञानिकों का मानना है कि इस तरह की 1 इंच की संरचना के निर्माण में लगभग 6000 साल लग जाते हैं और इस गुफा में तो यह हज़ारों की तादाद में हैं। तो निश्चित ही इनके निर्माण में करोड़ों साल तो लगे ही होंगे। इसके अलावा यहां कुछ ऐसे पत्थर पाए जाते हैं जिनसे संगीत की ध्वनि निकाली जा सकती है; हालांकि हमारे गाइड ने पूछने पर बताया कि अब यहां नहीं हैं, शायद यहां से हटा दिए गए। इस अभियान में हमारे साथ हमारे मित्र श्री सैयद शाहिद भी हैं जो वन विभाग में कार्यरत हैं। निश्चित ही, उनके साथ रहने से मेरी यात्रा और दूसरी खोज संपूर्णता तक पहुंची। आप कहेंगे, दूसरी खोज क्या है? मैं बताता हूं.... दूसरी खोज इसलिए कह रहा हूं कि तकरीबन 22 साल पहले भी मैं इस गुफा के अंदर आया था। उस समय रोशनी के लिए पेट्रोमैक्स हुआ करता था। आज भी बहुत कुछ बदलाव देखने को नहीं मिला, बस पेट्रोमैक्स का स्थान टॉर्च ने ले लिया है। उस समय, 22 साल पहले, मैंने एक साधारण कैमरे से कुछ तस्वीरें ली थीं, पर अब मेरे पास डीएसएलआर था और इसलिए भी मैं यहां आना चाहता था ताकि कुछ नई तस्वीरें अपने अच्छे कैमरे से खींच सकूं। गुफा में एक स्थान पर 5 फीट गड्ढे में पानी भरा था, जिसमें छोटी–छोटी मछलियां नज़र आ रही थीं। एक जगह छोटा सा मेंढक भी देखने को मिला। इन मछलियों को अंधी मछलियां कहते हैं और प्रोफेसर शंकर के नाम पर इनका नामकरण 'शंकराय' किया गया है।

बारिश के बाद अभी–अभी यह गुफा पर्यटकों के लिए खोली गई है। बारिश के दिनों में जून से मध्य अक्टूबर तक यहां पानी भरा रहता है, इसलिए इसे बंद कर दिया जाता है। पर विचित्र बात यह है कि गुफा के अंदर का सारा पानी न जाने कहां चला जाता है। कहते हैं कि इसके अंदर कई सुरंगें हैं, पर उन्हें खोलने की कोशिशें अब तक क़ामयाब नहीं हो पाई हैं।

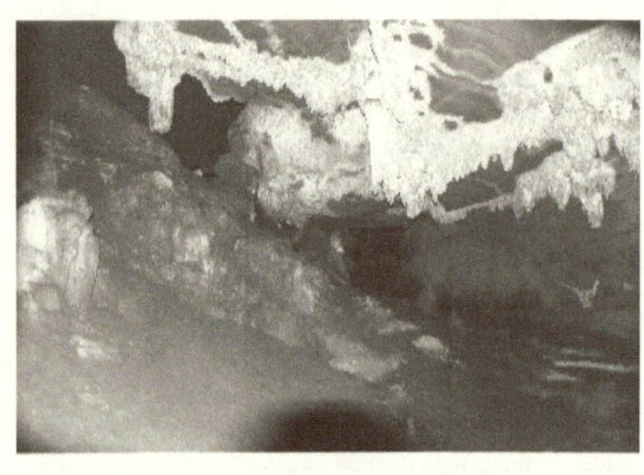

प्रकृति को जैसे किसी ने अपने हाथों से चित्रित कर रख दिया हो। हम अभिभूत थे। हमारा मन नहीं भरा था। वहां से जाने का मन नहीं कर रहा था, पर हमें लौटना था। एक अद्भुत, अलौकिक यात्रा के गवाह बन जब हम लौट रहे थे तो शाम गहरी हो चली थी। धूप पेड़ों से फिसल कर घाटी की तलहटी में जा चुकी थी और जैसे कुटुमसर के अंदर की ख़ामोशी लगातार हमसे बातें करती जा रही थी और हम जैसे लोग उसके साये में विलीन होते जा रहे थे।

इसके अलावा बस्तर में कई राष्ट्रीय उद्यान, अभयारण्य एवं पुरातात्विक अवशेष हैं जो गहन–मिश्रित साल, बांस और सागौन के वनों से आच्छादित हैं। उद्यानों एवं अभयारण्यों में प्रमुख हैं कांगेर घाटी राष्ट्रीय उद्यान, इन्द्रावती राष्ट्रीय उद्यान, भैरमगढ़ वन–भैंसा अभयारण्य, पामेड़ बाघ अभयारण्य, भैंसादरहा मगर अभयारण्य, खुसेलवेली अभयारण्य। बस्तर के अनेक क्षेत्रों से प्राप्त पुरावशेषों के अध्ययन से ये ज्ञात होता है कि कभी यहां

बौद्ध तथा जैन सभ्यतायें फली–फूली होंगी। गढ़धनोरा से प्राप्त भग्नावशेषों के शिल्प और गुप्त–काल की स्थापत्य–कला में काफ़ी–कुछ समानता है। इस क्षेत्र में कभी नल राजवंश का प्रभुत्व था, जो अपनी आध्यात्मिकता के लिये जाना जाता था। यहां प्राप्त मंदिरों में ईंटों का प्रयोग हुआ है। इसी प्रकार भोंगापाल में मंदिरों का निर्माण भी नल राजवंशीय शासकों ने 5वीं शताब्दी के आसपास कराया था। यहां के टीलों में बौद्धों के विशाल चैत्य मंदिर और त्रिरथ शैली में शैव तथा शाक्त मंदिरों का अस्तित्व दिखाई देता है।

बस्तर का जगार

नलवंशी शासकों के शिलालेखों और ताम्रपत्रों के अध्ययन से उस समय की अन्य परंपराओं का भी पता चलता है। उस समय के शासकों ने बस्तर और कोरापुट के अंचलों में हिन्दू कथाओं का विस्तृत प्रचार–प्रसार किया। शायद उसी के प्रभाव से बस्तर में 'जगार' की परंपरा शुरू हुई। 'जगार'– यानी 'जागरण'। ये जगार हल्बा और भतरा परिवेश का एक सामाजिक–सांस्कृतिक आयोजन है, जिसकी प्रकृति 'गीति–कथा' की है तो प्रवृत्ति बस्तर के जनजीवन में सीधी पैठ की है।

बस्तर में गाये जाने वाले जगार चार प्रकार के हैं– तीजा जगार, बाली जगार, लक्ष्मी जगार और अष्टमी जगार। ये जगार 'धनकुल वाद्य' की संगत के साथ गाये जाते हैं। ये वाद्य दैनंदिन जीवन के उपयोग में आने वाली वस्तुओं से बनाया जाता है। इसमें बांस से बना धनुष, सूप, मिट्टी का घड़ा और कुछ बांस की ही खपच्चियों की आवश्यकता होती है। इन सामग्रियों से 'धनकुल वाद्य' तैयार होता है और रात्रि–जागरण के अवसर पर गुरुमाइयों द्वारा मुख्य रूप से जगार प्रस्तुत किया जाता है।

मैंने बस्तर के 'दशहरा' का ज़िक्र किया था। मैं 1996 के मार्च में जगदलपुर पहुंचा था और इसका लाभ ये हुआ कि बस्तर के जगारों और पर्व–त्यौहारों को निकट से देखने का अवसर जल्दी ही मिल गया। इनमें से एक विश्वप्रसिद्ध दशहरा था, जिसके बारे में जानने और देखने को मैं एक अरसे से प्रतीक्षारत था।

वर्षा ऋतु समाप्त होते ही जब धरती नया परिधान धारण करती है; धान के लहलहाते हुए खेत अपनी स्वर्णिम आभा से जब कृषक–मन को आंदोलित और मुग्ध करते हैं; ऐसे समय दशहरा का आगमन एक सुखद संतोष ले कर आता है।

बस्तर की लोक–संस्कृति में दशहरा का संबंध मां दुर्गा की आदिशक्ति से है। यही कारण है कि बस्तर के गांव–गांव में शक्ति–उपासना के केन्द्र– 'मातागुड़ी' बहुतायत में मिलते हैं।

इस विशिष्ट और परंपरागत त्यौहार के लिये आकाशवाणी द्वारा भी विशेष तैयारियां की जाती हैं। हर दिन के आयोजन को कवर किया जाता है और उसे सुबह से रात तक, अलग–अलग श्रोता–समूहों के कार्यक्रमों में प्रसारित किया जाता है। आकाशवाणी, जगदलपुर के ऐसे कुछ कार्यक्रमों के नाम भी अत्यंत विशिष्ट थे– आमचो गांव, हुलहुली, बस्तर के स्वर आदि।

दरअसल 1947 में भारत की स्वतंत्रता के बाद जिन देशी रियासतों का भारत में विलय हुआ था, बस्तर रियासत उनमें से एक थी।

बस्तर का क्षेत्रफल केरल राज्य से भी अधिक है, जिसे और अलग एवं विशिष्ट बनाती हैं यहां की लोक संस्कृति, परंपरायें, रीति–रिवाज़ और पर्व–त्यौहार।

बस्तर का दशहरा

इनमें दशहरा एक ऐसा त्यौहार है जिसका आरंभ पूरे देश में आश्विन–शुक्ल प्रतिपदा से होता है; लेकिन बस्तर में ये त्यौहार आश्विन–कृष्ण अमावस्या या पितृमोक्ष अमावस्या से शुरू होता है।

असल में बस्तर–दशहरे का इतिहास सन् 1411 से प्रारंभ होता है और ये अत्यंत रोचक है कि इसका प्रथम अनुष्ठान बस्तर की तत्कालीन राजधानी, आज के ग्राम 'मंधोता' में संपन्न हुआ था। संवत् 1467 तक बस्तर की राजधानी 'मंधोता' रही। इसी समय मुग़लों का आक्रमण 'मंधोता' पर हुआ, पर वे इसे जीतने में क़ामयाब नहीं हो पाये। तब बस्तर के तत्कालीन शासक पुरुषोत्तम देव, सुरक्षा की दृष्टि से राजधानी 'मंधोता' से हटाकर 'बस्तर' ले गये। तब से ग्यारहवीं पीढ़ी के राजा दलपत देव के शासन–काल, सन् 1771 तक ये पर्व बस्तर में आयोजित होता रहा। इसी वर्ष बस्तर पर मराठों और मुग़लों का, एक के बाद एक आक्रमण हुआ; पर वे राजा दलपत देव से हार कर भाग खड़े हुए। फिर भी बस्तर पर आक्रमणकारियों का ख़तरा हमेशा बना रहेगा, ये सोच दलपत देव नई राजधानी की खोज में जुट गये और ये राजधानी उन्हें मिली इन्द्रावती नदी के मनोहारी तट के निकट के ग्राम 'जगतूगुड़ा' के रूप में। ये 'जगतूगुड़ा' ही कालांतर में शब्द–विपर्यय से बदलकर 'जगदलपुर' हो गया। तब से लेकर अब तक दशहरा जगदलपुर में 248 वर्षों से भी अधिक समय से संपन्न हो रहा है। यहां के दशहरे की सबसे बड़ी ख़ासियत ये है कि इसमें देश के अन्य भूभागों की तरह मां दुर्गा की प्रतिमा स्थापित नहीं की जाती, बल्कि राजा के 'छत्र' को इसमें विशिष्ट स्थान मिलता है।

बस्तर–दशहरा का आरंभ 'काछनगादी' से होता है। 'काछनगादी' का अर्थ होता है– काछिन देवी को गद्दी प्रदान करना। काछिन देवी बस्तर की अनुसूचित जाति 'मिरगान' की कुलदेवी मानी जाती हैं, जिनका मंदिर जगदलपुर में पथरागुड़ा जाने वाले रास्ते में स्थित है। इसी मंदिर में 'सिरहा' (पुजारी) देवी का आवाहन् करता है। इस आवाहन् के उपरांत मिरगान जाति की एक कुंवारी कन्या पर देवी आती है। देवी के प्रतीक के रूप में इस कन्या को बेल के कांटों से बने झूले और कांटों से बनी हुई गद्दी पर लिटा कर, उसे झुलाते हुए सिरहा देवी को प्रसन्न करना होता है। इसके बाद देवी की विधिवत् पूजा–अर्चना करने के पश्चात् देवी से दशहरा मनाने की अनुमति मांगी जाती है, जो माना जाता है कि देवी प्रसन्न हो अनुमति प्रदान करती हैं। ये रस्म ही 'काछनगादी' कहलाता है।

बस्तर दशहरे के दूसरे दिन आश्विन–शुक्ल प्रतिपदा को 'जोगी बिठाई' की जाती है। जगदलपुर के सीरासार भवन में जोगी बिठाने की रस्म पूरी होती है। भवन के बीचोबीच एक गड्ढा बना कर सुरक्षित रखा गया है, जिसके अन्दर 'हल्बा' जाति का एक आदिवासी संत लगातार नौ दिनों तक योगासन में बैठता है। जोगी बिठाये जाने के पीछे की मान्यता ये है कि वर्षों पूर्व एक आदिवासी संत, दशहरा निर्विघ्न समाप्त हो, इस उद्देश्य से अपने तरीक़े से योग–साधना कर रहा था। तब से ये प्रथा अब तक चली आ रही है।

इसके बाद आश्विन–शुक्ल द्वितीया से लेकर सप्तमी तक प्रतिदिन चार पहियों वाला विशालकाय लकड़ी का रथ खींचा जाता है। इस रथ पर पहले, बस्तर का जो भी राजा होता था, वो फूलों की पगड़ी पहनकर बैठता था, इसलिये इसे 'फूल–रथ' कहा जाता है। रथ की पूरी साज–सज्जा भी फूलों से की जाती

है। इस रथ में दंतेश्वरी देवी का छत्र भी होता था। ये रथ मावली माता की परिक्रमा करता हुआ वापस अपने स्थान पर पहुंचता है। परिक्रमा सीरासार चौक से शुरू होकर गोल बाज़ार, गुरूनानक चौक होते हुए दंतेश्वरी मंदिर तक पूरी होती है। अब राजा तो रहे नहीं, इसलिये मात्र दंतेश्वरी देवी के छत्र के साथ परिक्रमा पूरी की जाती है। इस रथ को सैकड़ों की संख्या में आदिवासी भक्त खींचते हैं। आश्विन–शुक्ल अष्टमी को रथ–यात्रा नहीं होती। इस दिन दुर्गाष्टमी होती है। 'निशा जात्रा' का कार्यक्रम मध्य रात्रि को दंतेश्वरी मंदिर से जुलूस के रूप में शुरू होकर इतवारी बाज़ार के निकट पूजा–स्थल तक पहुंचता है, जहां देवी का अनुष्ठान किया जाता है।

आश्विन–शुक्ल नवमी की संध्या को सीरासार में बैठे योगी को समारोहपूर्वक उठाया जाता है, उसे भेंट आदि देकर सम्मानित किया जाता है। इसी दिन रात नौ बजे 'मावली परघाव'– अर्थात् मावली देवी की अगवानी का कार्यक्रम होता है। इसमें दंतेवाड़ा से डोली में लाई गयी मावली मूर्ति का श्रद्धापूर्वक स्वागत् किया जाता है। मावली माता यहां के लोकमानस में दुर्गा जी के प्रतीक–रूप में हैं। निमंत्रण पाकर मावली माता ही दंतेवाड़ा की दंतेश्वरी देवी के बदले जगदलपुर आती हैं। इस डोली को कंधे पर उठाकर पुजारी और राजपरिवार के लोग दंतेश्वरी मंदिर तक पहुंचाते हैं।

आश्विन–शुक्ल दशमी, यानी विजयादशमी के दिन 'भीतर रैनी' और इसके दूसरे दिन 'बाहर रैनी' की प्रथा है। इन दोनों दिनों में आठ चक्के के रथ से परिक्रमा होती है। इसके लिये प्रत्येक

वर्ष नया रथ बनाया जाता है। एक वर्ष चार चक्के का, उसके दूसरे वर्ष आठ चक्कों के रथ का निर्माण कर, कुल बारह चक्कों का चक्र दो साल में पूरा किया जाता है। जब परिक्रमा पूरी हो जाती है, तब किलेपाल के माड़िया आदिवासी इस रथ को प्रथानुसार चुराकर कुम्हड़ाकोट ले जाते हैं। वहां पथरागुड़ा के पीछे साल वृक्षों से आच्छादित वन में रथ को ले जाकर वे देवी को नये चावल का अन्न चढ़ाकर पूजा–विधान करने के उपरांत प्रसाद पाते हैं। इसके ठीक दूसरे दिन, इस रथ को वापस परिक्रमा कराते हुए दंतेश्वरी देवी के मंदिर तक पहुंचाया जाता है, जिसे 'बाहर रैनी' कहा जाता है। यहां आकर बस्तर के दशहरे का दूसरा चरण पूरा होता है।

आश्विन–शुक्ल द्वादशी को दशहरा के निर्विघ्न समाप्त होने की खुशी में काछिन देवी के मंदिर के पास पूजा–विधान कर 'काछिन जात्रा' संपन्न की जाती है। इसी दिन सीरासार भवन में परंपरानुसार मुरिया और माड़िया दरबार आयोजित होता है। इसमें बस्तर के सुदूर क्षेत्रों से आये आदिवासी मांझी, मुखिया, चालकी आदि अपनी समस्यायें शासन के प्रतिनिधियों के सामने रखते हैं जहां उनकी समस्याओं के निराकरण का प्रयास किया जाता है।

बस्तर–दशहरा के अंतिम चरण में त्रयोदशी के दिन समस्त ग्रामीण क्षेत्रों से आये देवी–देवता को स्थानीय गंगामुंडा–स्थित मावली शिविर के पास पूजा–मंडप में विदाई दी जाती है। इसे 'देव–सम्मेलन' भी कहा जाता है।

बस्तर–दशहरा भारतवर्ष में आयोजित होने वाले अन्य दशहरों से इस मायने में भिन्न है कि इसका आयोजन लगभग पन्द्रह दिनों तक चलने वाली एक अलिखित प्रक्रिया एवं विधि–विधान

के अन्तर्गत, सर्व—स्वीकृति से लगातार होता रहता है। ये अवश्य है कि आज उसके प्राचीन स्वरूप में समय के अनुसार कुछ—कुछ परिवर्तन भी दृष्टिगोचर हो रहा है।

मां दुर्गा का बस्तर के दशहरा से एकमात्र संबंध इस तरह से जुड़ता है कि मावली माता को यहां के लोकमानस में दुर्गा जी के प्रतीक—रूप में देखा जाता है जो निमंत्रण पाकर दंतेवाड़ा की दंतेश्वरी देवी के बदले जगदलपुर आती हैं। लेकिन देश के बाकी हिस्से के लिए 'दंतेवाड़ा' एक महत्वपूर्ण शक्तिपीठ के रूप में ख्यात् है।

दंतेवाड़ा का ये मंदिर अपनी शिल्प—कला और प्राचीन मूर्तियों के लिये भी प्रसिद्ध है। मंदिर के भव्य प्रांगण में खड़ा 'गरुड़—स्तंभ' अपने प्राचीन मूर्ति—शिल्प और कारीगरों के अनोखे कला—कौशल का खुला गवाह है।

महामंडप, भैरव मंडप, मुख्य मंडप, संग्रहालय और गर्भ—गृह से मिलकर बना, दंतेश्वरी मंदिर का मूर्ति—शिल्प बेजोड़ है। मंदिर के प्रत्येक खंड में गहरे, काले और चिकने पत्थरों पर उकेरी मूर्तियों को देखने से ही उनमें किसी दैवी प्रतिभा का आभास होता है। मंदिर में सर्वप्रथम महामंडप आता है। इस मंडप में तीन उपमंदिर हैं, जिनमें बीच में भैरम बाबा विराजमान हैं और पार्श्व में शिवलिंग स्थापित है। इस मंडप में गणेश, ब्रह्मा आदि की मूर्तियां स्थापित हैं।

महामंडप के आगे दूसरा मंडप है जिसमें देवनागरी सहित किसी अज्ञात लिपि का शिलालेख है। मुख्य मंडप में देवनागरी के शिलालेख में 'दंतेवली देवी जयति' का उद्बोधन मिलता है।

इसके बाद अंदरालय दिखाई देता है जिसके दोनों ओर अनेक मूर्तियां हैं जो गर्भगृह तक रखी हुई हैं।

इसके बाद गर्भगृह में स्थित है बस्तर की आराध्य देवी मां दंतेश्वरी की भव्य प्रतिमा। छः भुजाओं वाली ये प्रतिमा गहरे काले और चमकदार पत्थरों से निर्मित है। मां के इसी भव्य और उदात्त स्वरूप का दर्शन करने देश–भर से लोग आते हैं और आशा–आस्था तथा उम्मीद ले कर लौटते हैं।

मां के इस मंदिर के ठीक पार्श्व में देवी भानेश्वरी का मंदिर है जिन्हें मां दंतेश्वरी की छोटी बहन माना जाता है। शंकिनी–डंकिनी नदियों के संगम के इस पार मां दंतेश्वरी के दर्शन के साथ, इतिहास और पुरातत्व के संग्रहालय देखे जा सकते हैं; तो उस पार एक और अनूठी दुनिया नज़र आती है, जहां मंदिर के पीछे से शंकिनी नदी को पार कर जाने के बाद तुण्डाल भैरव का मंदिर और उसके आगे अनेक देव–गुड़ियों के दर्शन होते हैं।

मां दंतेश्वरी बस्तर के काकतीय शासकों की कुलदेवी थीं और चूंकि यहां के जनजातीय समाज में अपने राजा और देवी–देवताओं के प्रति गहरी आस्था थी, इस नाते देवी के प्रति अगाध श्रद्धा और भक्ति–भाव को इस समाज ने खुले दिल से अपना लिया। इन्हीं राजाओं की पीढ़ी में बस्तर के महाराजा प्रवीरचंद्र भंजदेव ने बड़ी डोंगर में मां दंतेश्वरी का मंदिर बनवाया।

वैसे दंतेवाड़ा की मान्यता मुख्य रूप से एक शक्तिपीठ के तौर पर ही है। कहते हैं कि दक्ष प्रजापति द्वारा अपने अपमान से क्रोधित हो जब भगवान् शंकर देवी सती के निर्जीव शरीर को

लेकर विचरण करने लगे तो उन्हें शांत करने के उद्देश्य से भगवान् विष्णु ने अपने सुदर्शन चक्र से देवी सती के निर्जीव शरीर के कई टुकड़े कर दिये। देवी सती के अंग के टुकड़े जहां भी गिरे, वहीं एक शक्तिपीठ की स्थापना हो गई। कहते हैं, देवी सती के दांत बस्तर के दंतेवाड़ा में, शंकिनी–डंकिनी नदियों के पास गिरे, जिससे उस स्थल पर शक्तिपीठ की स्थापना हुई और इसका नाम 'दंतेवाड़ा' पड़ऽं ये भी कहा जाता है कि मां दंतेश्वरी के साथ इसी स्थान पर महिषासुर संग्राम हुआ था। आज भी दंतेश्वरी माई के मंदिर के पीछे, पहाड़ी के एक पत्थर पर महिषासुर वध–स्थल, फिर शेर का पंजा और राक्षस का पंख बना हुआ देखा जा सकता है। थोड़ा आगे जाने पर मां के चरण की आकृति भी दिख जाती है।

गोंचा पर्व

बस्तर में दशहरे के बाद का सबसे बड़ा पर्व आता है– दस दिनों तक चलने वाला 'गोंचा पर्व', जिसका प्रमुख आकर्षण भगवान् जगन्नाथ, बलभद्र एवं सुभद्रा देवी की रथयात्रा होता है। पौराणिक कथाओं के अनुसार, भगवान् जगन्नाथ, बलभद्र एवं बहन सुभद्रा के साथ, द्वारिकापुरी से जनकपुरी विश्राम करने आषाढ़–शुक्ल द्वितीया को जाते हैं और दशमी को वहां से वापस लौटते हैं। उनके इसी प्रवास को, रथयात्रा के रूप में मनाया जाता है, जिसमें तीन रथ खींचे जाते हैं। गोंचा पर्व में मुख्यतः जगदलपुर एवं कोंडागांव के हल्बा और भतरा आदिवासी शामिल होते हैं। वे अपने देवी–देवता, उनके छत्र, दंडध्वज, डोली आदि लेकर पूरी सजधज और श्रद्धा के साथ इसमें भाग लेते हैं।

इस पर्व के सर्वाधिक आकर्षण की वस्तु 'तुपकी' होती है, जिसका प्रयोग यहां का जनजातीय समाज करता है। इसे 'बांस–बंदूक' भी कहा जाता है। लगभग आधे इंच के व्यास के पोले बांस में,

चने के दाने के आकार के बराबर के एक जंगली फल— 'पेंगू' को भरकर एक हैंडिल से पिचकारी की तरह किसी पर भी निशाना लगाकर चलाया जाता है। चूंकि बांस पोला होता है, इसलिये उसमें अवरोध के कारण अधिक बल लगने से ज़ोरों की आवाज़ होती है और वो जंगली फल दूर तक जाकर मार करता है। इस मनोरंजक खेल में स्त्री–पुरुष, एक–दूसरे पर निशाना साधते हैं और आपस में ठिठोलियां करते चलते हैं। जब हज़ारों तुपकियों की 'फट–फटाफट' की आवाज़ फ़िज़ां में गूंजती है तो मौसम और भी मदमस्त मालूम पड़ने लगता है।

बस्तर के बारे में, यहां की लोक–संस्कृति के बारे में, रीति–रिवाज़ और परंपराओं के बारे में, मेले और मंदिरों के बारे में, इतिहास और पुरातत्व के बारे में, ये सब वर्णन करते हुए मैं एक रोमांच का अनुभव कर रहा हूं; ये सब लिखते हुए सिहरन–सी होती है; लगता है, अपने यहां के तीन वर्षों के मेरे अनुभव–खंडों में जो कुछ भी समाया है; सारा–का–सारा लिख डालूं– कुछ भी छूटने न पाये; लेकिन क्या ये संभव है...? भले ही ये इलाक़ा आदिवासी–बहुल और पिछड़ा माना जाता है, पर लोकवार्ता के जितने प्रकार और तत्व यहां मिलते हैं, वो शायद ही कहीं और मिलें। यदि इसके एक–एक तत्व पर कोई लिखना चाहे तो उसके कई–कई ग्रंथ तैयार हो जायें। इसलिए मैंने बहुत विस्तार में न जाकर बस्तर की लोक–संस्कृति की एक झलक प्रस्तुत करने का प्रयास किया है और इस अनुभव के आधार पर इतना ज़रूर कहूंगा कि लोक–सांस्कृतिक–समृद्धि यदि किसी को देखनी हो तो उसे एक बार बस्तर अवश्य जाना चाहिए।

• • •

पत्थरों पर मनुष्य होने का प्रमाण : भीमबैठका

भीमबैठका (भीमबेटका) मध्यप्रदेश के रायसेन ज़िले में स्थित एक पुरापाषाणीय विश्वप्रसिद्ध स्थल है, जो आदिमानव द्वारा बनाये गए शैलचित्रों और शैलाश्रयों के लिए जाना जाता है। माना जाता है कि ये चित्र, पुरापाषाण काल से मध्यपाषाण काल के बीच के हैं जो भारतीय उपमहाद्वीप में मानव–जीवन के प्राचीनतम चिह्न हैं। भीमबैठका मध्यप्रदेश की राजधानी भोपाल से लगभग 45 किमी दक्षिणपूर्व में स्थित है। भोपाल पहुंचने के लिये वायु, रेल और सड़क–मार्ग का सहारा लिया जा सकता है और उसके बाद भीमबैठका आप सड़क मार्ग से पहुंच सकते हैं। इस स्थल की खोज, वर्ष 1957–58 के बीच विक्रम विश्वविद्यालय, उज्जैन के एक पुरातत्त्ववेत्ता डॉ० विष्णु वाकणकर द्वारा की गई थी। भीमबैठका क्षेत्र को भारतीय पुरातत्व सर्वेक्षण, भोपाल मंडल द्वारा अगस्त–1990 में 'राष्ट्रीय महत्त्व का स्थल'

घोषित किया गया। इसके बाद जुलाई–2003 में यूनेस्को द्वारा इसे 'विश्व धरोहर–स्थल' के रूप में मान्यता दी गई।

भीमबैठका तथा उसके आसपास की पहाड़ियां, प्राकृतिक जल–विभाजन में महत्वपूर्ण भूमिका निभाती हैं। पहाड़ी के दूसरी ओर, वर्तमान बेतवा नदी का विशाल कछार–मैदान दिखाई देता है। भीमबैठका तथा इसके आसपास की पहाड़ियों के उत्तर में प्रवाहित जल–स्रोतों का समागम बेतवा नदी में ही होता है जबकि पहाड़ों की दक्षिणी ओर की जलधाराएं नर्मदा नदी में जाकर मिलती हैं। नदियों के अतिरिक्त भीमबेटका के दक्षिण–पूर्व में एक नाला बहता है जो 'जामुनझिरी' के नाम से प्रसिद्ध है। इसके अलावा यहां बाण गंगा, गुप्त गंगा तथा पंडापुर नामक तीन सदाबहार झरने हैं, जो स्थानीय निवासियों द्वारा दिन–प्रतिदिन के कार्यों के लिए प्रयोग में लाये जाते हैं।

हरीतिमा–भरे सघन वन से, ऊपर, धरती की छाती से बाहर निकले हुए, इस विशाल बलुआ पत्थर में, प्राकृतिक रूप से बनी गुफ़ाओं के पांच समूह हैं। भीमबैठका की गुफ़ाओं की विशेषता यह है कि यहां की चट्टानों पर हज़ारों वर्ष पूर्व बनी चित्रकारी आज भी मौजूद है। इन गुफ़ाओं की संख्या क़रीब 500 बताई जाती है।

तो हम भी निकल पड़े ऐसे अद्भुत–प्रागैतिहासिक स्थल को आत्मसात करने। इस यात्रा को संभव बनाया हमारे रीवा के पुराने मित्र, भोपाल प्रशासन में एस.डी.ओ. रवि शुक्ला और आकाशवाणी, भोपाल में कार्यक्रम अधिशासी, कृष्णपाल सिंह के संग–साथ ने, जिन्होंने अपने चुटीले संवादों से इस सफ़र को जीवंत बनाये रखा।

भीमबैठका से थोड़ा पहले एक रेस्टूरेन्ट मिलता है, क्योंकि पता चला कि भीमबैठका में कुछ नहीं मिलता और पूरा परिसर घूमने के लिये तीन–चार घंटे भी कम पड़ते हैं। इसलिये यदि आप वहां जायें तो इस रेस्टूरेन्ट में कुछ खा–पी लें और ज़रूरत के हिसाब से पानी की बोतलें भी ले लें। इस रेस्टूरेन्ट में हमने हलका नाश्ता किया, झूले का भी आनन्द लिया, फिर आगे बढ़े। और अब हम पहुंच गये भीमबैठका.....

भीमबैठका की गुफ़ाएं प्रागैतिहासिक काल की चित्रकला और मानव द्वारा बनाये गए शैल–चित्रों और शैलाश्रयों के लिए लोकप्रिय हैं। गुफ़ाओं की सबसे प्राचीन चित्रकारी लगभग 12000 साल पुरानी मानी जाती है। इन गुफ़ाओं की तस्वीरें प्रायः खनिज रंगों में हैं, जो मुख्य रूप से  गेरुआ, लाल और सफेद रंग से मिलती हैं, पर कहीं–कहीं पीले और हरे रंग के बिन्दुओं का भी प्रयोग दिखाई देता है। इन चित्रों के विषय मुख्य तौर पर दैनिक जीवन की घटनाएं हैं, जो हज़ारों साल पहले की जीवन–शैली को दर्शाती हैं। इनमें शिकार, पशु–पक्षी, युद्ध, सामूहिक नृत्य, रेखांकित मानवाकृति तथा प्राचीन मनुष्यों के रहन–सहन और दैनिक क्रियाकलापों से जुड़े विषय प्रधान हैं। इन चित्रों को पुरापाषाण–काल से मध्यपाषाण–काल के समय का माना जाता है।

इन शैल–चित्रों में असंख्य परतें हैं जिनका संबंध, उत्तर–पुरापाषाण काल तथा मध्य–पाषाण काल से लेकर पूर्व–ऐतिहासिक काल, परवर्ती–ऐतिहासिक काल और मध्ययुगीन–काल से जुड़ता है। ऐसा माना जाता है कि यहां के सर्वाधिक प्राचीन चित्र मध्यपाषाण काल से संबंधित हैं। ये उत्कृष्ट चित्र दुरूह ऊंचाइयों पर बने शैलाश्रयों की छत में अंकित हैं। यहां के अन्य पुरावशेषों में लघुस्तूप, प्राचीन क़िले की दीवार, पाषाण–निर्मित भवन, शुंग–गुप्तकालीन अभिलेख, शंख अभिलेख और परमार–कालीन मंदिर के अवशेष महत्त्वपूर्ण हैं।

'भीमबैठका' नाम कैसे पड़ा, तो इसके बारे में ऐसा माना जाता है कि अपने राज्य से निर्वासित होने के बाद पांडव यहां आये थे और इन गुफ़ाओं में रहे थे। यहां बड़ी–बड़ी भीमकाय चट्टानों के बीच, पांडव–भीम के विशालकाय शरीर के अनुरूप बैठने के स्थान देखे जा सकते हैं। पांडवों से इसे जोड़ने के पक्ष में एक अन्य प्रमाण ये दिया जाता है कि इन गुफ़ाओं के आसपास के कुछ स्थानों के नाम पांडवों के नाम से मिलते–जुलते हैं। जैसे एक गांव, 'पांडापुर' के नाम से जाना जाता है और 'भिंयापुरा' को 'भीमपुरा' का ही विकृत रूप माना जाता है। पास में ही 'लखाजुहार' नाम का एक वन है, जिसके लिये कहा जाता है कि यह पांडवों का लाक्षागृह था। हालांकि ये दावे कितने प्रामाणिक हैं, इसपर कोई शोध अभी तक नहीं हो पाया है। बहरहाल, इन चट्टानों पर मैं भी बैठा और मेरे इस अनमोल सफ़र के साथी– रवि भुक्ला और कृष्णपाल सिंह ने भी यहां बैठकर तस्वीरें खिंचवाईं।

भीमबैठका में 600 शैलाश्रय पाये गये हैं, जिनमें 275 शैलाश्रय चित्रों द्वारा सज्जित हैं। पूर्व–पाषाण काल से मध्य–ऐतिहासिक काल तक यह स्थान मानव–गतिविधियों का केंद्र रहा।

भीमबैठका क्षेत्र में प्रवेश करते हुए शिलाओं पर लिखी कई जानकारियां मिलती हैं।

भू-आकृति विज्ञान की दृष्टि से भीमबैठका के चारों ओर विंध्य पर्वतमाला की संरचना समनैतिक- **Homo-clinical structure-** होमो क्लीनिकल स्ट्रक्चर- है जो उसके दक्षिण-पूर्वी भाग में क्वेस्टा-ढाल-**Cuesta Scarps-** का निर्माण करती है और उत्तर-पूर्व से दक्षिण-पश्चिम की ओर जाती है। भीमबैठका गुफ़ा-परिसर में एक-दूसरे से पृथक, उर्ध्वाधर टॉर- **Vertical Tors-** की एक श्रृंखला है। यह अपक्षयित टॉर- **Weathered tors-** दूर से दर्शकों को मध्ययुगीन जीर्ण-शीर्ण क़िलों के रूप में दिखाई देते हैं।

भू-वैज्ञानिक दृष्टि से भीमबैठका और आसपास के पहाड़ी क्षेत्र की अवसादी चट्टानें- **Sedimentary rocks-** मैहर-बलुआ-पत्थर से निर्मित हैं। नवीनतम अपरदी जिरकॉन के काल-निर्धारण- **Detrital zircon date-** से पता चलता है कि यह बलुआ पत्थर कम-से-कम लगभग 548 मिलियन वर्ष पुराना है। बलुआ पत्थर मुख्य रूप से मध्यम से महीन दानेदार हैं, जो व्यापक, समतल और द्रोणिका क्रॉस तिर्यक संस्तरण-**Trough cross bedding-** को प्रदर्शित करते हैं। प्रारंभिक अध्ययन से संकेत मिलता है कि पिछले कुछ करोड़ वर्षों से चली आ रही वायुवीय प्रक्रिया- **Wind action-** और वर्षा जल से क्षरण द्वारा इन आश्रयों और गुफ़ाओं वाले पृथक उर्ध्वाधर टॉर-वर्टिकल टॉर- का निर्माण हुआ है। चट्टानों में मौजूद शैल-तल और दरारों ने प्राकृतिक अभिकरणों को मैहर बलुआ पत्थर के व्यापक अनावरण से इन टॉर को तराशने का

रास्ता तलाशा। इन दरारों और परतों से, बारिश के पानी के रिसने से ही इन गुफ़ाओं और शैलाश्रयों का निर्माण हुआ।

अनुमान है कि इन शैलाश्रयों की अंदरूनी सतहों में उत्कीर्ण प्यालेनुमा निशान एक लाख वर्ष से भी अधिक पुराने हो सकते हैं। इनमें दैनिक जीवन की घटनाओं से लिए गए विषय चित्रित हैं जो हज़ारों वर्ष पहले के जीवन को दर्शाते हैं। यहां उत्कीर्ण चित्र मुख्यतः संगीत, नृत्य, आखेट, घोड़ों और हाथियों की सवारी, आभूषणों को सजाने तथा शहद जमा करने को लेकर हैं। इनके अलावा कुत्ते, बाघ, सिंह, जंगली सुअर, हाथी और घड़ियाल–जैसे जीव भी इन तस्वीरों में चित्रित हैं। कई स्थानों पर यहां की दीवारों पर धार्मिक चिह्न भी पाये गये हैं, जो तत्कालीन समय में लोकप्रिय थे। एक प्रकार से भीमबैठका के प्रागैतिहासिक मनुष्य के बौद्धिक विकास का कालक्रम, विश्व की दूसरी पुरानी सभ्यताओं से हज़ारों वर्ष पूर्व का है। इस दृष्टि से इस स्थान को मानव–विकास का आरंभिक स्थान भी कह सकते हैं।

सभी शैलाश्रयों में तो जाना संभव नहीं हुआ, पर उनमें से कुछ में हम गये और वहां की जानकारी जुटा लाये। चलिये, आपको भी ले चलते हैं इन अद्भुत शैलाश्रयों में......

शैलाश्रय क्रमांक–1

इस शैलाश्रय को भीमबैठका के खोजकर्ता श्री विष्णु श्रीधर वाकणकर द्वारा 'एफ़–23' नाम दिया गया है। इसकी ऊंचाई ज़मीन से 20 मीटर है जो कि एक संकीर्ण आधार पर अनिश्चित संतुलन बनाए हुए है। यहां सन् 1973 से 1976 तक लगातार चार सत्रों में पुरातात्विक उत्खनन हुआ है, जिसके परिणामस्वरूप

यहां से ए यूलियन काल (15 लाख वर्ष पूर्व) के अंतिम चरण से लेकर मध्यपाषाण काल (दस हज़ार वर्ष पूर्व) तक के अवशेष प्राप्त हुए हैं। सबसे निचले स्तर से हस्तकुठार, कुल्हाड़ी आदि पुरापाषाणकालीन उपकरण प्राप्त हुए हैं। इस शैलाश्रय में कुछ ही चित्र प्राप्त हुए हैं जो कि ऐतिहासिक काल से संबंधित हैं। शैलाश्रय की छत पर बाह्य रेखा में निर्मित दो हाथियों का चित्र है, जिसमें छोटे हाथी के ऊपर एक आदमी बैठा है जिसके एक हाथ में अंकुश तथा दूसरे हाथ में भाला है तथा कमर में तलवार बंधी है। इसमें दोनों हाथियों के दांत काफी लंबे दिखाए गए हैं।

शैलाश्रय क्रमांक–2

इस शैलाश्रय की ऊंचाई लगभग 5 मीटर है। इसके चित्र प्राकृतिक कारणों से धुंधले पड़ गए हैं। यहां 46   आकृतियों की पहचान की गई है, जिनमें मानव आकृतियां, जानवर तथा कुछ ऐसे चिह्न भी हैं, जिनकी ठीक से पहचान नहीं हो पाई है। इस शैलाश्रय का सबसे सुस्पष्ट चित्र एक घुड़सवार का है, जिसे दीवार के बीच में देखा जा सकता है।

शैलाश्रय क्रमांक–4

इस अर्धवृत्ताकार शैलाश्रय की ऊंचाई 3.4 मीटर तथा आगे की तरफ़ का क्षेत्रफल 14 मीटर गुणा 6.2 मीटर है, जिसका चिकना एवं ढलवां फ़र्श ज़मीन से लगभग 3.3 मीटर ऊंचा है। इस गुफ़ा का नामकरण डॉ वाकणकर द्वारा 'ज़ू रॉक' अर्थात् 'चिड़ियाघर' रखा गया है, क्योंकि इसमें विभिन्न प्रकार के पशु–पक्षियों का सजीव चित्रण मिलता है। इस शैलाश्रय में कुल 453 आकृतियां बनी हैं, जिनमें से 16 प्रजाति के 252 जानवरों की आकृतियां

का चित्रण है। इसमें 90 मानवाकृतियों का भी अंकन है, जो विभिन्न क्रियाकलापों में दर्शाये गए हैं। इसके अलावा दो गिलहरियों, एक चिड़िया यानी मुर्गा, छ: नियोजित अलंकरण, शंख लिपि में एक अभिलेख तथा 99 अन्य आकृतियां बनी हैं। इस शैलाश्रय में आकृतियां 10 स्तरों में एक के ऊपर एक बनी हैं। अधिकांश आकृतियां प्रागैतिहासिक काल की हैं लेकिन कुछ आकृतियों का चित्रण छठी शताब्दी ईस्वी पूर्व के बाद का हुआ माना जाता है।

शैलाश्रय क्रमांक–6

यह पूर्वाभिमुख शैलाश्रय आकार में बहुत ही छोटा एवं संकरा है, जिसमें सफेद रंग से जानवरों का बहुत ही वास्तविक चित्रण किया गया है। ये चित्रण तीन सतहों में मौजूद है। सबसे प्रारंभिक सतह जो कि सबसे नीचे है, उसके चित्र धुंधले पड़ गए हैं। यह चित्र शैलाश्रय के दाएं भाग में लाल रंग में देखे जा सकते हैं।

शैलाश्रय क्रमांक–8

इस शैलाश्रय में एक मुख्य कक्ष है तथा पश्चिम दिशा में एक छोटा प्रकोष्ठ है। बड़ा कक्ष दो तरफ़ से बंद है तथा इसकी ऊंचाई भी कम है। इसकी छत पर कुछ चित्र बने हैं, जो कि समय के साथ धुंधले पड़ चुके हैं। इनमें कवच पहने सैनिकों और घुड़सवार सेना का है। शैलाश्रय की छत पर लाल गेरुआ रंग तथा सफेद रंग के चित्र देखे जा सकते हैं। सफेद रंग के चित्र प्राचीन हैं, क्योंकि लाल रंग के चित्र उनके ऊपर किए गए हैं।

भीमबैठका आदिकाल से मानव की निवासस्थली रही है। मानव के विकास–क्रम को जानने के उद्देश्य से यहां अनेक पुरातात्विक उत्खनन किए गए हैं। इन विभिन्न उत्खनन के परिणामस्वरूप इनके सांस्कृतिक क्रम को प्रकाश में लाया गया है। सर्वाधिक निचले स्तर से– निम्न–पुरापाषाण काल (एक लाख से चालीस हज़ार वर्ष पूर्व) के अवशेष– जिनमें गोल–चिकने पाषाण उपकरण मुख्य हैं, तथा इसके ऊपर 'ए'' यूलियन जमाव' का एक स्तर प्राप्त हुआ है। इन दो स्तरों के मध्य आवास के प्रमाण प्राप्त नहीं हुए हैं। मध्य–पुरापाषाण काल (40000 से 20000 वर्ष पूर्व)– के स्तर से प्राप्त अधिकतर उपकरण प्रस्तर–फलक पर ना बनाकर, प्राकृतिक रूप से समतल पाषाण का प्रयोग कर बनाए गए हैं। उच्च–पुरापाषाण काल (20000 से 10000 वर्ष पूर्व) के उत्खनित स्तरों से प्राप्त उपकरणों में मुख्यतः छोटे एवं बेलनाकार ब्लेड की प्रचुरता है। मध्य–पाषाण काल (10000 से 2500 वर्ष पूर्व) में मानव द्वारा सिलिका युक्त पाषाण– जैसे 'चर्ट' तथा 'चाल्सीडोनी' से निर्मित लघु उपकरणों का प्रयोग किया जाता था।

इस काल में भीमबैठका की लगभग सभी गुफ़ाओं एवं शैलाश्रयों में मानव निवास कर रहा था, जिससे यहां जनसंख्या की बहुलता का प्रमाण मिलता है। मध्य–पाषाणयुगीन लोग अग्नि का नियमित उपयोग करते थे जिसकी पुष्टि यहां से

प्राप्त राख, कोयला एवं जली हुई हड्डियों से होती है। लोग शैलाश्रय की सतह, सपाट प्रस्तर खंडों से एवं विभाजन, अनगढ़

पत्थरों की दीवार बनाकर किया करते थे। धातु की खोज तथा ताम्र एवं लौह तकनीक के विकसित होने के पश्चात्, आखेटक जीवन जीने वाला गुफ़ा-मानव, धीरे-धीरे समतल मैदानों में खेती करने वाला कृषक बनने लग गया था।

मध्य-पाषाण काल (10000 से 2500 वर्ष पूर्व) में शवों को गुफ़ाओं के भीतर निवासस्थल पर ही दफ़नाने की प्रथा थी। शव को सीधे अथवा मोड़ कर लिटाया जाता था, जिसका सिर अधिकतर पूर्व की ओर अथवा कभी-कभी पश्चिम की ओर भी रख दिया जाता था। शव के साथ दफ़नाई जाने वाली वस्तुओं में मुख्य रूप से पीसने तथा घिसने के लिए प्रयुक्त होने वाले पत्थर, सींग, हड्डियों के उपकरण तथा हेमेटाइट के टुकड़े प्राप्त होते हैं। अधिकांश भाव जीर्ण-शीर्ण अवस्था में ही प्राप्त हुए हैं।

लाखों वर्ष पूर्व 'समापिथिकस मानव' के उद्भव के उपरांत 'ऑस्ट्रेलोपिथिकस' और उसकी उपप्रजातियां अस्तित्व में आईं। पत्थरों के निरंतर प्रयोग के परिणामस्वरूप आदिमानव का हाथ विकसित अवस्था में आया। अतः 'होमो हेबलिस मानव' के काल से मानव अधिक परिष्कृत एवं उन्नत उपकरण बनाने में सक्षम हुआ। क्रमिक विकास के अगले चरण में मस्तिष्क तथा रीढ़ की हड्डी में हुए परिवर्तन के चलते मानव पूर्ण रूप से सीधा खड़ा होकर चलने लगा। इस 'होमो इरेक्टस मानव' ने पाषाण-उपकरणों को तराश कर उनमें सुधार किया तथा अग्नि जलाने की विधि का आविष्कार कर नए युग में पदार्पण किया। इसके उपरांत मानव के अधिक विकसित स्वरूप 'होमो सेपियंस' ने उपकरणों के साथ ही भाषा को भी परिष्कृत किया। शैलाश्रयों में निवास करने वाले इस मानव ने पत्थर, हड्डी, काष्ठ तथा शैल-चित्रकला में भी उल्लेखनीय योगदान दिया। 'नियानडरस्थल मानव' तथा वर्तमान 'होमो सेपियंस मानव' ने

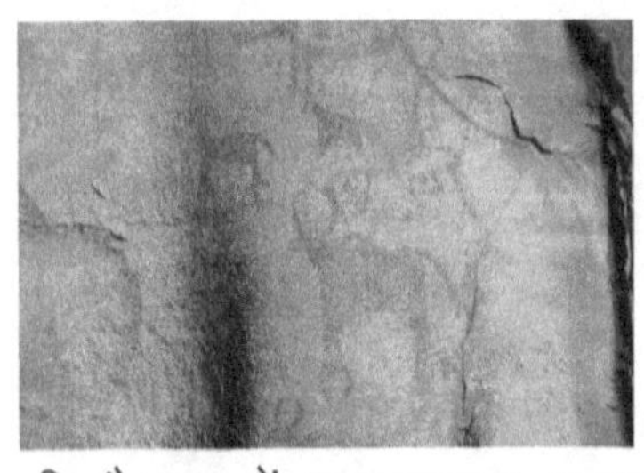

सभ्यता के विकास में द्रुत गति से योगदान दिया। मानव के विकास की जीवन–यात्रा की कुछ झलकियां भीमबैठका में देखी जा सकती हैं।

भीमबैठका में मध्यपाषाण–काल से लेकर ऐतिहासिक–काल तक का शैल–चित्रण मिलता है। यह चित्रण मानव के सामाजिक–सांस्कृतिक जीवन के क्रमिक विकास को दर्शाता है। आरंभिक चरण के शैलचित्रों में मानव तथा पशु आकृतियों का चित्रण रेखाओं के माध्यम से किया गया है। मध्य–पाषाण काल के शैल–चित्रों में शिकार के दृश्य चित्रित करने वाला मानव संभवत शिकारी रहा होगा। अधिकतर आखेट के दृश्य मध्य–पाषाण–काल एवं ताम्र–पाषाण काल के आरंभिक चरणों के हैं, जबकि हाथी–घोड़े की सवारी तथा युद्ध आदि के दृश्यों को अधिक परिष्कृत रूप में चित्रित किया गया है, जिनका संबंध ऐतिहासिक काल से है। शैलचित्रों में प्रयुक्त रंग स्थानीय रूप से प्राप्त खनिज– जैसे, गेरुआ रंग हेमेटाइट से एवं सफेद रंग चूने से बनाया जाता था। चित्रकारी के लिए प्रयुक्त विभिन्न खनिज रंगों के उपयोग के प्रमाण भीमबैठका में हुए विभिन्न उत्खनन से भी प्राप्त हुए हैं। चित्रकारी हेतु खनिज रंग के साथ–साथ जल, पशुओं की चर्बी तथा पेड़ों से प्राप्त प्राकृतिक गोंद का भी प्रयोग किया गया है। जल एवं अन्य द्रव्यों की उपस्थिति में खनिजों के ऑक्सीकरण क्रिया के परिणामस्वरुप ये रंग पत्थर की सतह पर जम जाते हैं।

चित्रकारी से पूर्व पाषाण की सतह को किसी प्रकार से लीपकर, घिसकर या चिकनी कर के तैयार नहीं किया गया है। चित्रण करने के लिये मानव ने कूंची के रूप में उंगली, प्राकृतिक रूप

से प्राप्त कोमल रेशों तथा बालों का प्रयोग किया होगा, जो असमतल एवं खुरदुरी पाषाण सतह पर आसानी से चल सकते थे। ऊंचे स्थानों पर चित्र बनाने के लिये कलाकारों द्वारा संभवतः पेड़ों की शाखाओं अथवा किसी प्रकार के मचान का प्रयोग किया गया होगा। कहीं-कहीं ऊंची सतहों पर चित्रण करने के लिये शैलाश्रयों में प्राकृतिक रूप से बाहर निकले चबूतरों का प्रयोग भी किया गया होगा, जो अब गिर चुके हैं। कभी-कभी बाद के कलाकारों द्वारा पहले से ही चित्रित सतह को साफ़ किए बिना ही चित्रण के लिए उपयोग में लाया गया होगा। भीमबैठका के बहुत से शैलाश्रयों में इस प्रकार का एक के ऊपर एक, विभिन्न प्रकारों एवं कालों का चित्रण देखने को मिलता है। यहां इस प्रकार की चित्रकारी की अधिकतम 15 चित्रित सतहें दर्ज़ की गई हैं।

भीमबैठका के शैलाश्रय अर्द्धवृत्ताकार हैं तथा इसका एक विशाल भाग बाहर की ओर निकला हुआ है। इस शैलाश्रय में कुल 453 आकृतियां चित्रित हैं, जिनमें से 252 आकृतियां, 16 प्रजातियों के विभिन्न पशुओं की हैं। यहां से प्राप्त बहुल मात्रा में वास्तविक एवं भव्य पशु-आकृतियों के चित्रण के कारण ही इसे **'जंतु शैलाश्रय'** भी कहा जाता है। पशु-आकृतियों के अतिरिक्त विभिन्न क्रियाकलापों में लिप्त 90 मानव-आकृतियां, एक चिड़िया, 6 अलंकरण, दो आयत, शंख लिपि में एक अभिलेख तथा 99 क्षतिग्रस्त आकृतियां भी इस शैलाश्रय में चित्रित हैं। यहां मध्य-पाषाण काल के कुछ चित्रणों के अतिरिक्त, अधिकतम चित्र ताम्राश्म काल तथा ऐतिहासिक काल से संबंधित हैं। एक के ऊपर एक 10 से अधिक बार, विभिन्न कालों में किए गए चित्रण के कारण ही शैलाश्रय के महत्व के प्रति जिज्ञासा उत्पन्न होती है। ऐतिहासिक काल के चित्र मुख्यतः शैलाश्रय में दाएं और गेरुआ रंग से चित्रित हैं। रेखाचित्र में पैदल सैनिकों को

हाथ में बड़ी तथा सीधी तलवार और दल के साथ चित्रित किया गया है।

भीमबैठका में हाथी दरवाज़ा, आदिमानव के हाथों के शिलाचित्र सबसे पहले मिले। यहां पत्थरों में भी कई प्रकार की आकृतियां देखने को मिल जाती हैं। एक जगह पत्थरों की प्राकृतिक आकृति कछुए के समान है, जहां एक कछुए पर दूसरा कछुआ बैठा प्रतीत होता है। ये दो मानव आकृतियां– पुरुष और स्त्री की, यहां ये बिल्कुल किसी जटाजूट साधू की तरह दिखता प्रस्तर–खंड..... और अन्य जानवरों की आकृतियां तो अनेक स्थानों पर दिखती हैं।

ये चट्टानें विस्मित कर डालती हैं। घने जंगलों में चारों ओर हरियाली और चट्टानी भूभागों तथा पथरीली चोटियों के बीच छिपी, प्राचीन परिसरों की रक्षा करती ऊंची चट्टानों के बीच स्थित भीमबैठका की गुफ़ाएं..... अद्भुत.... अद्भुत....अद्भुत....

भीमबैठका की शैल–कला को शैली और विषय के आधार पर विभिन्न समूहों में बांटा गया है। चित्रों की रेखायें ये दर्शाती हैं कि विभिन्न काल–खंडों में, अलग–अलग लोगों द्वारा, एक ही कैनवास– पत्थर का प्रयोग किया गया। चित्राकंनों और चित्रों को भिन्न–भिन्न काल–खंडों में वर्गीकृत किया गया है।

पूर्व–पुरापाषाण काल

इसमें छड़ी जैसी मानव आकृतियों के अलावा, भैंसे, सूअर जैसे जंगली जानवरों के हरे और गहरे लाल रंग से बने रेखीय चित्र हैं।

मध्य–पाषाण काल

इस समूह के चित्र आकार में अपेक्षाकृत छोटे शरीर पर रेखीय अलंकरण दर्शाते हैं। पशुओं के अलावा मानवाकृतियां और शिकार के दृश्य हैं जो उस समय प्रयुक्त

होने वाले हथियारों के साथ उकेरे गये हैं। इन हथियारों में तीर–कमान, कांटेदार भाले, नुकीली छड़ियां आदि शामिल हैं। इसके अलावा इस कालखंड में पक्षियों, मां और बच्चों, गर्भवती महिलाओं के चित्रों के साथ–साथ, मृत पशुओं को ढोते और मदिरापान करते पुरुष तथा सामुदायिक नृत्य जैसे चित्र भी मिलते हैं।

ताम्र–प्रस्तरकाल

ये शैली ताम्र–प्रस्तरकालीन मृद्भांडों की चित्रकारी के समान, मालवा के मैदानी इलाकों के कृषक–समुदायों के साथ, यहां के गुफ़ावासियों के संबंध, संपर्क, आवश्यकताओं और आपसी लेन–देन को दर्शाती है।

आद्य–ऐतिहासिक काल

इस समूह की आकृतियां प्रायः लाल, सफेद और थोड़ा–बहुत हरे रंग से उकेरी गई हैं जिनमें सवारों और धार्मिक प्रतीकों के साथ–साथ अपने समय की लिपियां भी चित्रित हैं।

मध्ययुगीन काल

इस काल–खंड के चित्र प्रायः ज्यामितिक और रेखीय हैं, हालांकि कलात्मक रूप से इनमें अपरिपक्वता दिखाई देती है। इस काल में आकर पहली बार इन शैलाश्रयों में गणेश और नटराज जैसे

देवताओं के चित्र देखने को मिलते हैं। शैलाश्रय में नीचे की ओर गहरे गेरुए रंग से सवारी का अंकन देखा जा सकता है। घुड़सवारों और योद्धाओं को लंबे बाल एवं विशेष प्रकार की केश–सज्जा के साथ दिखाया गया है। वे हाथ में धनुष–बाण तथा तलवार–ढाल लिये हुए हैं। घुड़सवारों के साथ दो वादक तथा एक पताकाधारी भी है।

इन चित्रों के अध्ययन से प्रागैतिहासिक काल के मनुष्य के कार्यों, उसके वस्त्रों, पशुओं और रोज़मर्रा की ज़िंदगी के अनेक दुर्लभ पहलुओं की जानकारी मिल जाती है। ये चित्र प्रागैतिहासिक मनुष्य की खानाबदोश जीवन–शैली से लेकर, उसके समुदायों में परिणत होने और एक जगह टिक कर रहने की कृषि–जीवन आधारित शैली को समझने में बहुत सहायक हैं।

अन्य अवशेष

भीमबैठका केवल अपनी गुफ़ाओं और शैल–चित्रों के कारण ही विस्मित नहीं करता। इनके अलावा भी यहां असंख्य पुरातात्विक अभिलेख हैं, जिनकी खुदाई की गई है। शैल–कला और शैलाश्रयों के अलावा, भीमबैठका में भग्न दुर्ग की दीवारें, लघु स्तूप–जैसे अनेक ऐसे अवशेष भी मिले हैं, जो इस क्षेत्र में मौर्य/शुंग शासन–काल में बौद्ध प्रभाव को दर्शाते हैं। चट्टानों को काट कर बनाए गए बिस्तर, बौद्ध–संन्यासियों के प्रतीत होते हैं। यहां अनेक अभिलेख भी पाये गए हैं जो शुंग, कुषाण और गुप्त काल से संबंधित हैं। शंख लिपि के अभिलेख भी यहां देखने को मिलते हैं, जो अभी तक पढ़े नहीं जा सके हैं। यहां परमार–काल से संबंधित एक मंदिर के कुछ स्थापत्य–खंड भी देखने को मिले हैं।

भीमबैठका एक प्राकृतिक कलावीथी, पुरातात्विक ख़ज़ाना, सांस्कृतिक धरोहर और मानव–इतिहास का ऐसा बहुमूल्य ऐतिहासिक अभिलेख है, जिसके पदचिह्न समय की रेत पर दूर तक पहचाने जा सकते हैं; क्योंकि लगभग 15000 वर्ष पूर्व का प्रागैतिहासिक मनुष्य अपने आराम और सुविधा के लिए प्राकृतिक तत्वों को धीरे–धीरे अपने अनुकूल बनाना सीख रहा था। इसी की झलक भीमबैठका के शैलाश्रयों में व्यापक रूप से देखने को मिलती है।

जब हम भीमबैठका पहुंचे थे, तब भी आसमान पर सघन बादलों ने डेरा जमाया हुआ था और अब जब हम भीमबैठका से लौटने को हुए तो वही बादल बरसने को आतुर दिख रहे थे। वैसे वहां कुछ देर और रुकने की इच्छा थी, पर बरसने को आतुर दिख रही वर्षा रानी की मंशा भांप हमने वहां से निकलना ही उचित समझा। ऐसे संकेत वहां के सुरक्षा–प्रहरी भी सीटी बजाकर पर्यटकों को निरंतर दे रहे थे; क्योंकि बारिश होने पर वहां कहीं छिपने की जगह भी नहीं थी।

शाम का धुंधलका फैलने लगा था। हम वहां से वापस लौट रहे थे, पर ऐसा लग रहा था, जैसे हम सुदूर कहीं अतीत की अनन्त यात्रा कर लौटे हैं, जहां हज़ारों वर्ष पूर्व, इन गुफ़ाओं में वास करने वाले मनुष्य के मानस और कार्यों के द्रष्टा होने का एक अनिर्वचनीय सुख भी हासिल हुआ है।

• • •